ひとりで飲む。ふたりで食べる

平松洋子

講談社+α文庫

ひとりで飲む。ふたりで食べる　目次

恋をしたらどうして　おいしいものが　つくりたくなるんだろう　158

素材別につくるときのために

ひとりで飲む。ふたりで食べる

さんま、メンチカツ、むかごごはん

ゆっくり起きた日曜の朝、トーストをこんがり焼く。きつね色の四角のまんなかにバターのかたまりをのせると、黄色い底辺がゆるゆると崩れはじめる。待ってました！　角をなくしてとろけてゆくから、思わず頬をゆるめてバターナイフを握り、ぐーっと引き伸ばす。すると、まろやかな風味がきつね色の香味にからみ、かりかりの表面に沁みこむ。ポットのなかからアールグレイの香り。たまらない。

北海道から届いた枝豆をゆでる。ゆでぐあいを決めるのは、自分の鼻だ。湯をたっぷり沸かし、ぼこぼこ沸騰したら塩を入れ、枝豆をどさり、沈める。ふたたび煮えたぎってくると、ほら、湯気のなかに枝豆の青い香りが混じりはじめる。これが、もうじき引き上げるタイミング。青くさい香りは、豆が煮えた合図だ。

松の実を煎る。厚手のフライパンをひっきりなしに揺すってころころ転がし、色づいたら小皿にあける。ほうれんそうのソテー、炒飯、レタスのサラダ、シンプルな料理ほど、松の実のねっちり艶のある香ばしさがぴたりとくる。あんな小つぶなのに。

さんまを焼く。あじの干物を焼く。さばを焼く。ところどころぷっくりふくれて焦げた皮に、まわしかけた醬油がちょろりとたれる。ずしんと落ちて決まった豪腕サーブさながら、香ばしさに迫力が漲《みなぎ》っている。はっと気づいたら左手で飯茶碗をわしづかみ。やっぱり醬油はすごい。たじろぐ。

突然食べたくなり、いてもたってもおられず麻婆豆腐をつくる。気はあせるのだが、忘れちゃならないことがある。ひとつ、牛肉を炒めたあとに豆鼓《トウチ》と粉唐辛子をくわえ、香りをじっくり引き出すつもりで炒めること。ふたつ、仕上げにたっぷりかける花椒《ホアジョウ》はあらかじめフライパンで乾煎《からい》りしてからすり鉢ですり、がつんと香りに活を入れること。豆腐はあらかじめ水きりを念入りにしておく。麻婆豆腐は、キック力のある香りで勝負だ。

油は、加熱すると瞬時に持ちまえの香りが立つ。オリーブオイル、ごま油、ピーナッツ油……熱したフライパンに注ぐのは、まず油の香りを際立たせるためです。

にらを刻む。できるかぎり細かく刻む。最初の一撃は、ざくっ。間髪をいれず、ざっ、ざっ、ざっ、勢いにのってひと束ぜんぶ。まな板に深緑が山盛り、濃密な香りが渦を巻く。見ているだけで、首のうしろがほかほかあったまってくる。ところが、ぜんぶ煮えばなの味噌汁の鍋に入れたとたん、ふわりとおだやかな風味に変わる。冬も夏も年中つくるにらの味噌汁だけれど、その変身ぶりがいつも不思議でしょうがない。

梅干しの瓶のふたを取る。赤く染まった梅干しがぎっしり顔を寄せ合い、鼻腔の奥を一直線に射る香り。舌の根がきゅうっと縮みあがり、まだ食べてもいないのに酸っぱい顔になる。

夕方、肉屋の軒さきでコロッケを五つ買う。揚げたての衣の香りがもわあっと上がり、買いもの袋ぜんたいがもわあっとぬくい。帰り道、なんども生つばを飲みこむ自分にだんだん呆れてくる。この先を曲がったところの公園のベンチでこっそり一個、食べちゃおうか。

おなじ店の揚げたてのメンチカツの包みをぶら提げ、昼どきの電車に乗る。どうしてもあそこのメンチカツが食べたいの、ついでに買ってきてと友だちに頼まれてしまった。吊革につかまって立っていたら、まえの席に座って新聞を広げていたおじさんが急に頭をもたげ、ひくりと鼻を動かす。隣の席のおばさんも、じろりとこっちを見る。はっとした。揚げものは、思いのほか匂うのです。すごく匂う。あとふた駅、電車よ早く走ってくれと気を揉む。

秋が深まりかけたころ、むかごをごはんに入れて炊く。むかごは山芋の赤ちゃん。米、酒、塩、ほんのすこしの醬油、洗ったむかご。ふつうどおり土鍋で炊いてふたを開けると、白い湯気のなかにかすかな土の香り。秋だなあ。しゃもじを差し入れてさっくり混ぜ、ふたたびふたをして蒸らす。この鄙《ひな》びた香りをごはんにたっぷりふくませたくて。海苔を焙《あぶ》る。今夜は日本酒となれば、なにはなくとも海苔がほしくなる。二枚を中おもてにして重ね、火をまたがせながら向こうへゆるやかにふわり、さらにもう一度、手前に返してふわり。ほんとうは炭火に勝るものはないけれど、海苔のためだけにわざわざ炭火を熾《おこ》してもいられないから、コンロの火でがまん。ふわあっと磯の香りが立ち、ぜんたいの色彩が冴えたら上出来です。ぱりっと折って長方形にちぎり、皿のうえにぴしっと重ねてのせる。一枚ずつ箸でつまみ上げ、合いの手にぱりぱり囓《かじ》ります。五月のころ、唐津から到来する塩雲丹《しおうに》をはさむ一品にも陶然となる。

漬物を切る。それも、糠《ぬか》漬け。ただし年中きまじめに糠漬けづくりに精進しているわけではなくて、夏場に大阪から水なすの糠漬けを取り寄せたとき、その糠床があんまりいいからもったいなくて容器に集め、いっときだけ糠漬けをこしらえてたのしむのだ。にんじん、きゅうり、なす、かぶ。取り出すとき糠をぜんたいにかき混ぜるから、そのとき指に糠の匂いが移る。朝ごはんが終わってからもしばらく、なにかの拍子にぷうんと匂う。こんなにしぶとかったのか糠は。毎夏ほとほと感心する。そのたび、いっしょに思い出す。おばあちゃんの手の肌は皺《しわ》がたくさんあるのに、つやつやだった。底光りがしていた。ねえどうして。「ああ、これはね糠漬けのおかげ」。そう言っていたっけ。

しょうがをごしごし、おろしがねでおろす。腕の筋肉をちゃんと使って、威勢よくおろす。もちろんにんにくをおろすのも好き。包丁でどんなに細かく切っても、おろしがねには敵わない。なにしろ香りの立ちかたがまるきり違う。はるかに豪胆。ずぶといけれど、ねちっこい。アラジンのランプをこすったみたいに、しょうがやにんにくの精が「ハイお呼びですか」。台所に出現する。おろしてへなへなに細かくなっても、その香りはなまなましくて激しい。ばしっと背中を叩かれた気になり、がぜん腕まくりをする。

ねえ、人前でそんなにおおっぴらに乱れていいの。思わず心配になるのだが、どうやらよけいなお世話みたいです。ストップがきかないらしい。熟れはじめてむっちり豊満、色っぽい香りを撒き散らしはじめたパイナップル、桃、マンゴー、キウイ、パッションフルーツ、バナナ、メロンのみなさん。

しいたけにブルーチーズをちぎってのせる。裏返したしいたけをまっすぐに置き、白い笠の内側のぶぶんに、こぼれ落ちないよう用心しながらブルーチーズをのせてゆく。ひとつずつ網にのせて焙ると、それまでさんざん焦らしたあげく溶けはじめたブルーチーズが、「おれを忘れてくれるなよ」。さかんに主張しはじめる。しいたけに火が通るころ、ブルーチーズが香りを振りまいて「へへ、ようやく気づいたか。じつはおれが主役だったんだぜ」。巻き返しを図りにかかるので、まあいい、勝手に言わせておこうと思う。

チーズを削る香り、あれは罪です。パルミジャーノ・レッジャーノのかたまりをごしごし削り、熱いスパゲッティのてっぺんにぼたん雪のように散らす。熱を浴びてふわんと溶け、ひと皿にいっそうの生気が与えられ、なまめかしい。

あたし、ぜったいくさやがだめ。納豆もだめ。鮒《ふな》寿司とか臭いチーズとか、卒倒寸前。頑《かたく》なに身を硬くしているひとに、ときどきよけいなおせっかいを焼きたくなる。（ほうら、やっぱり食べず嫌いだったでしょう、ほんとはこんなに……）こちらに引きずりこむとき、みょうな罪悪感に囚われるのはどうして。ソースせんべい、たこ焼き、お好み焼きだって、悶絶系の香り御三家だ。ソース焼きそば、焼きおにぎりも忘れちゃいけない。

カステラを切る。包丁の腹にカステラのふくよかな香りが残る。思わず鼻をひくつかせる。底に貼りついている薄紙にもカステラの香りが沁みこむ。ぜんぶ食べてしまったあとも薄紙が惜しくて、くんくん嗅ぎたくなる。こどものころ、こっそり薄紙をしゃぶったら親に叱られた。

甘やかな香りは、なにもケーキやお菓子ばかりではない。たとえば牛肉、なかでもランプを焼く。火傷をさせぬよう静かに焼き、中心がほのかにあたたまったあんばいで火から下ろして休ませる。暴れかけていた肉汁が落ち着いた頃合いを見計らって皿にのせ、やおらナイフでおおきく切り、じっくり噛みしめる。甘い。とんでもなく甘い。肉の味、肉の香り。いちどきに肉汁がぴゅーっと口のなかいっぱいにほとばしり、うっとり目を閉じている。

豚肉を焼く。ことにロースの厚い切り身。これだって、とびきり甘い。フライパンのなかで、のっけから香りの大盤振る舞いだ。ロースの脂は比類のない絶好のソースに変わる。熱い脂がしんねりと足をからめながら、きめ細やかな肉の肌にまとわりつく。甘美をまとって、味わいはいっそう跳ね上がる。口のなかで肉と脂があられもない姿態をくり広げるから、わたしのくちびるもぬめって妖しく光る。

眠っているものが、ある瞬間にぶわあっと香りを放つ。たとえば、こんにゃく。ぬめぬめくにゃくにゃ、はっきりしなくていっこうに態度が決まらない。よし見てて。こんにゃくに指をかけ、ぶちっぶちっ、なりゆきにまかせてちぎる。一枚ぜんぶ、ちぎりまくる。すると、こんにゃくの荒々しくて砂っぽい香りが指さきに移る。それでもまだくにゃり、埒《らち》が明かないから、こんどは沸騰した湯に放りこんでくつくつゆでる。すると湯気の向こうから、さっきの砂っぽい香りがいちだんとつよく上がってくる。ふふふ、これがこんにゃくの香りの正体だ。しっかりゆでてざるに上げると、すぐに乾く。表面の水けが抜けて、きゅうっ、ぷりっ、がぜん締まっている。さっきのなまっぽい匂いがすっかり消え、本日のこんにゃく劇場第一幕、これにてぶじに終了。

カレーうどんのどんぶりを持ち上げる。ずしっと重い。この時点ですでに降参だ。どんぶりいっぱいに、黄いろの刺激。ぱちんと割った割り箸を差し入れ、むちむちの白いうどんを二本ほどしずかに引き上げ、汁が飛ばないよう用心しながら啜《すす》る。ずずっ、二本、三本、もう止まらない。熱い。辛い。鼻がぴくぴく小踊りしてはしゃぐ。

夏みかんをむく。小夏の皮をむく。温州みかんをむく。右手の親指のさきをまんなかの窪みにあて、位置を定めてずぶり。シトラスの精油が宙に跳ぶ。汁が鋭い針のように指のささくれにちゅんっ、と沁みて、意表を突かれ首をすくめる。

食後にお茶を淹れる。今日はなんのお茶にしようかしら。煎茶、玄米茶、それとも焙《ほう》じ茶。急須を傾けて湯呑みに注ぐその瞬間、いっとう最初に立ち昇る香りを胸に吸いこむ。

早く家に帰っておいしいものを
食べることだけかんがえていた

空腹だけれど、ひと皿の料理に助けられることがある。豊かな気持ちに満たされるのだ。

（うちに帰ったら、あれを食べよう）

すると、にわかに体温が上がる。皿のうえに漂う香り、ひとくちめのおいしさ、嚙んだり飲みこんだりする瞬間、想像するだけでちからが湧いてくる。目のまえの困難や面倒をよいしょと片づけてしまおうという気になるから、とても不思議だ。

早くうちに帰りたい、おいしいものが待っているから。それは、自分だけで夢想する快楽のひとときだ。それがなんと贅沢なことかと気づいたのは、おとなになったのちである。つまり、自分で自分の空腹を満たすことができるようになったあと、ひそかな贅沢はあんがい手近なところにあると知ったのだった。

うちに近づくと、ひとりでに早足になる。からだは疲れているのに、味覚が弾んで背中を押すのだ。さあ着いた。鍵を開ける手がもどかしい。せっつかれるように靴を脱いだら、そら台所に直行だ。火をつける。皿を取り出す。箸を出す。ああ、もうすこしで！

キムチのピラフ

キムチのサンドイッチ

　早く家に帰っておいしいものを食べることだけかんがえていた

キムチのピラフ

キムチはこんなに
役立つ素材だった!
15分でできるくせになる味

材料(2人分)
白菜キムチ(みじん切り)　カップ1分
米　カップ1
水　カップ1
オリーブオイル　大さじ2
塩　少々
粗挽き黒こしょう　適量
パルミジャーノチーズ　適量
イタリアンパセリ　適量

作り方
1 キムチの汁気を絞り、みじん切りにする。
2 小鍋にオリーブオイルを熱し、1のキムチを加えてじっくり炒める。
3 2に洗わないままの米、塩を加えて透き通るまで炒め、水を入れて中火で炊く。
4 炊き上がったら火を止め、3〜4分蒸らす。
5 4をざっくり混ぜ合わせ、器に盛る。
6 5に粗挽き黒こしょう、削ったパルミジャーノチーズをかけ、イタリアンパセリを飾る。

キムチのサンドイッチ

この組み合わせだけが出せるおいしさ。
ビールといっしょに夜食にも

材料（2人分）
白菜キムチ　2枚
きゅうり　1本
焼き海苔（パンに合わせて切ったもの）　2枚
食パン（サンドイッチ用）　4枚
バター　適量
マヨネーズ　適量

作り方
1　キムチは汁気を絞り、パンの大きさの1/4くらいに切り分けておく。きゅうりは薄切りにする。
2　パンをこんがり焼き、片方にバター、もう片方にマヨネーズをぬる。
3　マヨネーズをぬったパンの上に、焼き海苔、キムチ、きゅうり、バターをぬったパンの順に重ねる。こうすると、キムチの汁気を焼き海苔が吸い取り、水っぽくならない。
4　食べやすい大きさに切る。

南インド風
豚肉としょうがの
カレー

焙りしいたけ
ブルーチーズ風味

南インド風豚肉としょうがのカレー

ごはんやナンとともに。
やみつきになるおいしさだから、
鍋にたっぷり作りおき

材料(5〜6人分)
しょうが(せん切り) カップ¾分
豚ロース肉(薄切り) 600g
酢 カップ1½
にんにく(みじん切り) 2片分
赤唐辛子 1本
玉ねぎ 大1個
トマト 1個
シナモンスティック 1本
塩 適量
サラダ油 大さじ1

A
クミン 小さじ1
ターメリック 小さじ2
コリアンダー 小さじ2
黒こしょう 小さじ½
粉唐辛子 小さじ2〜
クローブ 小さじ1

水 カップ1

作り方

1 しょうがを洗い、皮つきのまません切りにする。豚肉は2㎝幅に切り、玉ねぎは薄切りにする。トマトはざく切りにし、種を除く。

2 ボウルに1のしょうがと豚肉、酢、みじん切りにしたにんにく、赤唐辛子を入れ、20分くらいマリネする。

3 フライパンにサラダ油を熱し、1の玉ねぎ、シナモンスティックを入れ、全体がしんなりするまで炒める。

4　トマトを加え、炒め合わせる。
5　4に2を入れ、混ぜ合わせながら炒め、Aを加えてさらに炒める。
6　全体に火が通ったら水を加えて30〜40分煮込み、塩で味を整える。

焙りしいたけ ブルーチーズ風味

冷やしたワインと
いっしょにどうぞ。
網にのせてじっくり焙るだけ

材料(2人分)
生しいたけ　4個
ブルーチーズ　大さじ4

作り方
1　しいたけは、笠の中などの汚れを布巾やキッチンペーパーで取り除き、石づきを落とす。
2　熱した網の上にしいたけをおき、ほぐしたブルーチーズを笠の上にのせる。そのままじっくり中火で焼く。
3　しいたけ全体に火が通り、ブルーチーズがとけたら火からおろす。

プチトマトのごま和え

じゃがいものお焼き

プチトマトのごま和え

すりごまはすりたてが一番。
できたての香り高さを、
味覚が覚えてしまう

材料（2人分）
プチトマト　1パック
A 黒すりごま　大さじ2
みりん　小さじ1
しょうゆ　小さじ½
ごま油　大さじ1

作り方
1 プチトマトは洗ってへたを取り、半分に切る。
2 Aをすべてボウルに入れ、よく混ぜ合わせる。
3 器に1を盛りつけ、2をかける。

じゃがいものお焼き

むっちりねっとり。
お焦げがカリカリ。
韓国のじゃがいも料理は
くせになる味

材料（2人分）
じゃがいも（男爵）　3個
白菜キムチ（みじん切り）　カップ½分
A おろしにんにく　小さじ⅓
白すりごま　小さじ1
しょうゆ　小さじ1
塩　小さじ½
酒　小さじ1
ごま油　小さじ1
豚ばら肉　50g
糸唐辛子　少々
万能ねぎ　2〜3本
ごま油　大さじ½
B 酢　適量
しょうゆ　適量

作り方
1　じゃがいもをすりおろし、水を張ったボウルに入れてしばらくおいてさらしてから、水分を捨てる。
2　1にAとみじん切りにしたキムチを加え、混ぜ合わせる。
3　フッ素樹脂加工のフライパンにごま油を熱し、お玉1杯分の2を入れ、中火で焼く。この上に細切りにした豚肉、糸唐辛子をのせる。
4　フライ返しで形を整えながら、ゆっくり焼いていく。全体にこげめがついたら裏返し、反対側も同様に焼く。
5　こんがり焼き上がったら器に盛り、小口切りにした万能ねぎを散らす。Bを合わせた酢じょうゆを添える。

牛そぼろのせうどん

中国北部で食べた味。
ごはんにのせたり豆腐にかけたり、
活用範囲は広い

材料(4人分)
牛ひき肉　300g
干ししいたけ　4〜5枚
ゆでたけのこ　100g
にんにく　1片
ごま油　大さじ1

A
しょうゆ　大さじ1
豆板醤　大さじ1
砂糖　小さじ1
紹興酒　大さじ1
みりん　大さじ1
しいたけのもどし汁　大さじ2

うどん(乾麺)　適宜

作り方

1　干ししいたけは水に浸してもどし、粗みじん切りにする。ゆでたけのこも粗みじん切りに、にんにくは細かいみじん切りにする。

2　フライパンにごま油を入れて熱し、牛ひき肉を入れて炒める。

3　2に1を加え、全体がぽろぽろになったらAを入れ、汁気がなくなるまで中火で炒める。

4　ゆでたうどんに3をのせる。好みで香菜(材料外)をつけ合わせる。

揚げと卵のおつゆ

春菊とシェーブルのバゲット

揚げと卵のおつゆ

ほっと安心する、
おだやかな味。
夜中にも、からだにしみじみ
優しい

材料(2人分)
油揚げ　1枚
だし汁　カップ3
卵　2個
にら　½束
酒　小さじ1
しょうゆ　大さじ½
みりん　小さじ1
塩　適量

作り方
1　油揚げは2㎝幅のたんざく切りに、にらは5㎝の長さに切る。
2　鍋にだし汁を沸かし、酒、しょうゆ、みりんを入れ、1の油揚げを加えて5分程度煮る。
3　卵を静かに割り落とし、好みの固さに煮る。
4　塩で味を調えてから、1のにらを加える。にらの色が変わったらすぐ火を止め、お椀に盛っていただく。

春菊とシェーブルのバゲット

春菊のさわやかな苦みがアクセント。
オリーブやチーズとも
ぴたりと合う

材料(2人分)
春菊　1/4束
シェーブル(山羊のチーズ)　大さじ3
A オリーブオイル　小さじ1
　レモン汁　小さじ1/2
　粗挽き黒こしょう　少々
バゲット　1/2本
オリーブ　適量

作り方
1　春菊は洗って塩(材料外)を加えた湯でさっとゆでる。ざるに上げて冷まし、しっかり絞って水気を取り、2㎝長さに切る。
2　ボウルにシェーブルを入れ、フォークで粗くつぶす。少し塩を加えたカッテージチーズで代用してもよい。
3　2のボウルにAと1の春菊を加えて混ぜ合わせる。
4　食べやすく切ったバゲットの上に3を盛りつけ、オリーブをのせる。

ヨーグルト・アイスクリーム

さっぱりさわやか、
ピスタチオが決め手。
ホームメイドの冷たさをどうぞ

材料(2〜3人分)
プレーンヨーグルト　大さじ4
バニラアイスクリーム　240㎖
ピスタチオ　約20粒

作り方
1　バニラアイスクリームは室温で柔らかくする。
2　ピスタチオは殻をむき、粗いみじん切りにする。
3　1にヨーグルトを加えてよく混ぜ、2のピスタチオも加え、冷凍庫に入れる。
4　3が完全に固まる前に取り出し、空気を入れるように混ぜる。これを何度か繰り返すと、口当たりがなめらかになる。器に盛り、上にピスタチオ(分量外)を刻んでのせる。

だから今夜は
ひとりでゆるゆる飲むのだ

なんだかな。ぼんやり緩みたいな。ほどけたいな。

しばしば思うのだが、これがなかなか簡単にはいかない。すとんと座におさまるようにしてやわらぐひとときは、ただ手をこまねいていては、おいそれとはやってこないし、うかうかすると、こちらを置いてけぼりにする。だから、自分のほうからにじり寄り、いそいそと迎え入れにゆく。

よし決めた。今夜はひとりでゆるゆる飲むのだ。

ひとりの時間には、たったひとりのときにだけ訪れる時間の流れがある。自分の船に乗ってゆっくり流れに漕ぎ出すと、あちらの岸辺こちらの岸辺で思いもかけなかったさまざまなものに出合うので、すこしずつ糸がほどけるように和らいでゆく。

安心する味がいい。流れに逆らわないよう、時間も手間もかからないちいさな皿。酒をさりげなく際立たせながら、流れに乗せてくれる味がひとつふたつあれば、もうそれで。

もう一杯飲んじゃおうかな。とろりと酒がくちびるを湿らせる。ごろごろにゃーん、自分にもっと甘える。

ほぐし干物 レモン風味

焙りねぎ

ほぐし干物レモン風味

えっ、これがいつもの干物？
ほんのひと手間で
洒落たおいしさ

材料（2人分）
あじの干物（開き）　1枚
レモン汁　小さじ½
七味唐辛子　適量

作り方
1　あじの干物をグリルでこんがり焼き、いったん冷ます。
2　1の身をざっくりと粗くほぐす。
3　2にレモン汁、七味唐辛子をかけて和える。

焙りねぎ

冬場のねぎを堪能するには、これに限る。
じゅわー、とろーり、甘いっ

材料(3〜4人分)
長ねぎ(白い部分) 3〜4本
オリーブオイル 適量
塩 適量
すだち ½個

作り方
1 長ねぎは長さを合わせて4等分に切る。
2 1の長ねぎの表面がこんがりしてくるまで、網の上でときどき転がしながらじっくり焼く。
3 2を皿に盛り、オリーブオイル、塩をかける。黒く焦げた外側の皮は適宜はがし、すだちをかけていただく。

ねぎ豆腐

ブルーチーズ入り
焙り揚げ

ねぎ豆腐

軽く押して
崩すところがポイント。
青ねぎたっぷり、
熱いごま油をじゅっ

材料(2～3人分)
木綿豆腐　1丁
万能ねぎ　10本
塩　小さじ½
ごま油　大さじ2

作り方

1 木綿豆腐は重しをのせ、15分ほど水きりをする。
2 1を器に盛り、上からこぶしで軽く押すように、粗くつぶす。
3 小口切りにした万能ねぎをかけ、全体にパラパラと塩をふる。
4 小鍋で熱したごま油を3に回しかける。熱々を崩しながらいただく。

ブルーチーズ入り焙り揚げ

わたしの定番のおつまみ。
口のなかで香ばしいチーズがとろっ

材料(3人分)
油揚げ　4枚
ブルーチーズ　約120g

作り方
1 油揚げを半分に切り、中を開いて袋状にする。
2 1の油揚げの中に、それぞれ15gほどのブルーチーズをほぐして入れ、口の部分を楊枝でとめる。
3 2を、よく熱したフライパンかグリルで、中火でじっくりと焼く。

きゅうりの甘酢漬け

海苔の和えもの

きゅうりの甘酢漬け

初夏になると
食べたくてたまらない。
爽快な歯ごたえも大ごちそう

材料（3人分）
きゅうり　3本
酢　カップ⅔
砂糖　大さじ1½
塩　小さじ½
ごま油　大さじ⅔
にんにく　大1片
赤唐辛子　1本

作り方

1　きゅうりは4～5㎝の長さに切り、ところどころ皮をむく。さらに縦半分に切り、スプーンで種を取り除く。

2　ざるにきゅうりを入れ、塩小さじ1（分量外）をまぶして15分ほどおく。さっと水洗いし、手で軽く絞る。

3　調味料をすべて混ぜ合わせる。

4　3に、包丁の腹で叩いてつぶしたにんにく、2のきゅうり、赤唐辛子を入れて漬け、冷蔵庫で20分ほど冷やす。

海苔の和えもの

ぴりっと辛みのきいた
韓国の味。
ちびちびつまんだあと、
おにぎりにもどうぞ

材料
焼き海苔（全型）　10枚
A しょうゆ　大さじ2
みりん　大さじ1
砂糖　小さじ½
塩　適量
粉唐辛子　小さじ¼
おろしにんにく　小さじ½
ごま油　大さじ2
白すりごま　大さじ1

作り方
1　海苔は大きなボウルの中で、3cm角くらいに細かくちぎる。
2　1にAを入れて、まんべんなく混ぜ合わせる。
3　海苔とAがよくなじんだら、最後に手でもみ込んで味をなじませる。

※冷蔵庫で1週間ほどもつので、「材料」は作りおきできる多めの分量です。

じゃこの梅肉和え

細こんにゃくの白和え

じゃこの梅肉和え

おいしい梅干しと
じゃこさえあれば。
酒の肴にも、常備菜にもどうぞ

材料(4～5人分)
ちりめんじゃこ　カップ⅓
梅干し　大4～5個
白いりごま　大さじ1
しょうゆ　小さじ¼

作り方
1　梅干しの種を取り除き、包丁でたたいてボウルに入れる。
2　1にじゃこ、白いりごま、しょうゆを加え、よくからめる。

細こんにゃくの白和え

食べごたえもあって、
ローカロリー。
覚えておきたいヘルシーな一品

材料（3〜4人分）
細切りこんにゃく　1パック
木綿豆腐　2/3丁
西京味噌　大さじ2
白すりごま　大さじ1
みりん　大さじ1
塩　少々

作り方
1　細切りこんにゃくは食べやすい長さに切り、熱湯でゆでてざるに上げる。木綿豆腐には重しをのせ、しっかり水きりをする。
2　1の木綿豆腐をスプーンの背などで、なめらかになるまでつぶし、西京味噌、白すりごま、みりん、塩を加えて混ぜ合わせる。
3　2に1のゆでた細切りこんにゃくを加え、全体がなじむまでよく混ぜ合わせる。

ねぎバゲット
甜麺醤風味

春菊と
プチトマトの
おつゆ

ねぎバゲット甜麺醤風味

甜麺醤《テンメンジャン》をそのまま塗るだけ。ちょっとジャンキーな味が楽しい

材料(2人分)
バゲット　適量
長ねぎ(白い部分)　1/3本
ベーコン　1枚
甜麺醤　適量

作り方
1　バゲットは7～8㎜の薄切りにする。
2　長ねぎは5㎝長さに切り、芯は除く。せん切りにして水にさらす。
3　ベーコンは5㎜角に切ってカリッと炒める。
4　1のバゲットを焼き、たっぷり甜麺醤を塗って器に盛り、水気をよくきった2の長ねぎと3のベーコンを散らす。

春菊とプチトマトのおつゆ

あたたかなトマトの酸味はなんて優しいのだろう。だしが五臓六腑に沁み渡る

材料(2人分)
春菊　1/3束
プチトマト　6個
だし汁　カップ2 1/2
酒　小さじ2
しょうゆ　大さじ1/2
みりん　小さじ1
塩　適量

作り方
1　春菊は洗って4等分くらいに切る。
2　濃いめにとっただし汁を小鍋で熱し、塩、しょうゆ、酒、みりんで味を調える。
3　2にへたを取ったプチトマトを入れる。
4　プチトマトに半分火が通ったら、春菊を硬い茎の部分から加える。
5　春菊の色が変わったら、すぐに火を止め、塩で味を調えてから器に盛る。

ちぎり豆腐の味噌汁

豆腐は切り方で
味が全然違います。
ふわっとちぎる優しい味、
を締めくくりに

材料(2人分)
木綿豆腐　1丁
だし汁　カップ3
味噌　適量

作り方

1　鍋にだし汁を沸かす。

2　1が沸騰したら、木綿豆腐を手で大きくちぎって入れる。

3　木綿豆腐がよく温まったら味噌を溶き入れ、器に盛る。

よい香りのする皿

長細い小窓に顔を寄せる。上半身だけ乗り出してのぞきこむと、たちまち吸いこまれそうになる。

むこういちめん、日暮れた直後の海のように深い群青だ。黒にかぎりなく近い群青。しかし、黒の手中に落ちる一歩手前、場所を明け渡すまいと踏みとどまっている崖っぷちぎりぎりの色。さらにそこには、おびただしい光がきらめいている。満天の星を眼下に眺めるかっこうになるから、「神さまにでもなったみたい」。世界をひとり占めにした気分を味わう。

夜中に飛ぶ飛行機、それも帰港さきをすでに射程内に捉えた飛行機から暮れどきの街を眺めるのが、とても好きだ。だんだんおうちが近くなる。ようやく帰りつきました。やあ、ただいま。そこではじめて、ああすこし緊張していたのだと気づく。ヨーロッパから延々十数時間を費やした長旅でも、わずか一時間すこしの国内の帰路でも、決まっておなじことを思う。地上の星々のきらめきにも、つい感傷を誘われる。無数の光のひとつぶひとつぶ、どれもが誰かの暮らしが放つ輝きなのだ。あれは、ひとの生活そのものだ。胸の奥がきゅうんと甘酸っぱく染まる。

　ところが、ときおりぴしゃりとたしなめられる。とつぜん機体に角度がついて、といってもほんのわずかな角度なのだが、その揺れにともなって機体ぜんたいがぐうんと宙に向かって傾き、群青の海と満天の星はたちまち視界から消え去る。小窓外には濃い闇が広がるばかり。

　ついこのあいだのことだ。あれは沖縄からの帰りだったから飛行時間は二時間ほど、しかし昼間の砂浜で浴びたつよい日射しに疲れが出たのかぐっすり眠りこけて、はっと気づいて小窓をのぞきこんだときには、満天の星が地上いっぱいにまたたいていた。

　機体はゆっくりと高度を下げてゆく。星々もすこしずつおおきくなり、輪郭を滲ませてゆく。頬づえをついてそのさまをぼんやり眺めていたら、とつぜん鼻さきに生まれた香りがあった。

　粥《かゆ》を煮る香り。

　着陸を間近にひかえて下降する飛行機のなかで粥の香りなど突拍子もないけれど、たしかにたったいま鼻腔に流れこんだのは粥の香りなのだった。そうだった、あのころ粥はふとんのなかで食べた。茶碗をかかえてふとんの上に正座して、肩が冷えないよう母の毛糸のカーディガンをはおらされて、もちろんおなかには腹巻きをして、ちびちびとスプーンですくって食べた。

朝起きると、手足がだるくて熱っぽい。ランドセルのなかには寝るまえに揃えておいた今日の用意もちゃんとととのっていて、三時間めの音楽の授業でつかう縦笛だって忘れずに差しこんであるし、晩ごはんのあと繰り返し練習しておいたのだ。なのに、からだぜんたいが重ったるくて、どうにも起きられない。

「風邪ひいたのかしらねえ」

母が手を伸ばしてきてほっぺたに手をあてると、ひいやりと気持ちがいい。そのままずっとあてておいてほしいから、なにも答えず、やるせない顔をして苦しそうに息を吐いてみる。自分の息の熱さに、内心ちょっとたじろぎ、さっきよりずいぶん顔が火照りはじめていることに気づく。

まだ迷っているふうを見せながら、母が聞いてくる。

「きょう、がっこう、やすむ」

「うん、やすむ」

じゃあ、おとなしく寝ていなさいよ、がっこうに電話かけておくから。言い置いて母が階段を下りてゆく、その足音を聞きながら、こんどは奇妙に満ちた感情が浮かんでくるのを感じとる。そして掛けぶとんを鼻のあたりまでずいっと引き上げ、みのむしみたいに奥まったところに身をくぐもらせてから目を閉じると、じきにだるい眠りの糸にからめ取られてゆく。

ふたたび眠りから覚めると、今朝より重さが薄らいだように思えるのは、熱にからだがなじんだからだろうか。でも起き上がるのはおっくうで、ひいふうみい、手持ちぶさたのまま天井の節穴を数えはじめる。しばらくすると、目を覚ました様子を見通したように階段を昇ってくる音が聞こえてくるから、あわてて目をつぶる。

「どうお。すこしはお熱さがったかな」

ゆっくり目を開いてみると、体温計を持ってこちらをのぞきこんでいる母の顔がすぐ間近に迫っている。

「お粥、つくってあげるから。ちゃんと食べないと元気になれないからね」

こうして煮えばなのお粥がお盆にのせられて二階に運ばれてくるのだ、わたしのためだけに。

風邪をひくと、ふくふくとした安心に包まれた。咳が止まらず喉がひりついたり、背中の寒けに震えたりしながら、それでもみょうにうれしい。だって母はお粥をわたしのためだけにわざわざこしらえてくれたのだもの。

布団の上に膝をそろえ、ちょこんと正座する。ほらほら、気をつけないと冷えてまた熱が上がるよ。自分の厚手の毛糸のカーディガンを持ってきて肩にかけてくれ、わたしはネルのパジャマのまま、神妙に茶碗を受けとる。

こどものころからずっと、粥を食べるときはまず最初に表面に見入ってしまう。粥のちからに引き寄せられるとでもいえばいいだろうか、なにかこう、じいっと眺めずにはおられないのだ。つややかに光っている表面に、やわらかく煮えた米つぶがしっとりふくらんで充ちている。その平和な静けさ。口に運ぶまえから、抱きとめられるようにしてなぐさめられるこころもち。

そうして、茶碗からもわりと漂うもののなかに身を浸す。くぐもった粥の湯気にこもる香りが、みっしりと甘い。ついさっきまで鍋のなかでふつふつと煮えながら、火に誘いだされるようにして米が咲かせた香りだ。炊いたごはんとは、じつはずいぶんちがう。粥には、米のふくよかな香りのなかにむっちりした重みがくわわっている。

匙ですくうたび、表面のみずみずしいつやになめらかな輝きが広がる。その光景がなんだかもったいなく、盆のうえの皿にのせてある梅干しとか塩昆布とか、入れる気になれなかった。粥は白いまま、食べたい。このぬくぬくと甘やかな香りをけっして邪魔したくないと思いながら、布団のうえで匙を動かす。

おかずもない、つけ足しがなにもないひと碗の白い粥なのに、ちっとも飽きなかった。あれほど熱を出してふうふういっていたのに、粥の香りに背中をなでられて、にわかに空腹が騒ぎだし、食べ終わってなお、からの茶碗には粥のおだやかな香りが充ちていた。

「お米から炊いたお粥、あれはぜんぜんべつものですねえ」

感に堪えないように言ったひとがいた。これまでは、粥をつくるときは残ったごはんで炊くのが習慣だったという。ところが、洗った米を土鍋に入れ、そこに六倍か七倍ほど水をくわえて火にかけ、じわじわ炊いてみると香りからしてまったくちがうことに驚いた。おなじ粥をつくるのでも、鍋のなかから生まれ出ずる米の香りがあることを初めて知り、ああこれが粥というものだったと感激したのだという。

そして彼女はつぶやいた。

「あれはほんとうに贅沢な味でした」

くつくつと粥が煮える。しだいに米が輝きを帯び、それまでじいっと鳴りを潜めて黙りこくっていた米がむっくり起き上がる。ひとつぶずつ光沢をまとったら、火と湯をふくんで蕾《つぼみ》を開かせていき、鍋のなかから立ち昇る香りにしずかに圧倒される。そんなふうにしてこしらえた粥だから、からだのまんなかにこころづよいぬくもりを長く宿しつづける、いつまでも。

群青に染まった日暮れどき、地上で瞬く無数の光が目にしみる。じいっと眺めていたら、とつぜん粥の香りがあらわれたのはどういうわけだったか。しばらく旅の空の下を歩きつづけ、久しぶりに家にたどりついた安堵のせいだったろうか。

あわててつくる。
急いで食べる

食べる時間さえ惜しいときがある。

包丁を握るのも、火を点けるのもうっとうしい。気持ちはすっかりべつのところにあるので、面倒くさくて食べてなんかいられない。だからゆっくり味わうのもじゃまなのだ。けれども、食べないままでいると、しだいにいらだってくる。そもそも浮き足だっているから、しだいに軸がずれて中心が定まらなくなってくるのだ。さあ、そこでおとなの知恵を働かせましょう。いったん小休止して、句読点をぱちり。自分の腹のまんなかに錘《おもり》を垂らす。

ただし、せかせかつくるときは鍋はひとつ。皿もひとつ。それ以上は逆効果だ。むりに方向転換しようとすると軸はもっとずれるので、気分が走りたがる方向へおとなしく従っていればこともなし。だから、台所に立つのはせいぜい十分か十五分でおしまい。

できたできた。急いで食べはじめるのだが、ん？　不意打ちを食らう。（おいしいじゃないの、これ）自分で自分ににんまりして、まるでなかったはずの食欲が顔をのぞかせる。あんなに急《せ》いていたのに。なんだかくやしくなって、じゃあおかわりしてみようかと急に思う。

マッシュルームのサラダ

簡単やきいも

ゴーヤーしりしりヨーグルト

卵とトマトの炒めもの

ゴーヤーしりしりヨーグルト

爽快度100%！
沖縄で教わった絶品。
しりしりとは
「すりおろす」こと

材料(2人分)
ゴーヤー　½本
プレーンヨーグルト　½パック
はちみつ　大さじ2

作り方
1　ゴーヤーは外側の緑の部分だけ、おろし金などですりおろす。
2　器にヨーグルトを入れ、1を汁ごとのせ、はちみつをたっぷりかける。

卵とトマトの炒めもの

ほんの一瞬でできる
ふわふわの炒めもの。
いつまでも飽きない
優しい味わい

材料(2人分)
卵　3個
トマト　大1個
酒　小さじ1
塩　少々
サラダ油　大さじ2
にんにく　1片

作り方
1 卵をボウルに割り入れ、さっくりほぐして酒、塩を混ぜる。
2 トマトは横半分に切り、ティースプーンなどで種を取り除き、ざく切りにする。
3 よく熱したフライパンにサラダ油大さじ1½を入れ、1の卵を炒める。箸で混ぜながら、一瞬だけ火を通したら器に取る。
4 同じフライパンに残りのサラダ油、包丁の腹でつぶしたにんにくを入れ、2のトマトを軽く炒める。
5 4に3の卵を戻し入れ、ひと混ぜしたら器に盛る。

たらこ豆腐

じゃがいもの
黒酢炒め

たらこ豆腐

たらこのうまみがたっぷり。寒い夜に小鍋仕立てでおつな味

材料(2~3人分)
たらこ　大1腹
木綿豆腐　1丁
長ねぎ　1½本
だし汁(濃いめ)　カップ2½
酒　大さじ½
しょうゆ　小さじ⅔
塩　適量

作り方

1 たらこは厚めに切り、中央に包丁で切り目を入れて少し開く。豆腐は6等分、長ねぎは斜め切りにする。

2 鍋にだし汁、酒、しょうゆ、塩を入れて沸かし、1の豆腐と長ねぎを加える。

3 豆腐と長ねぎに火が通ったら1のたらこを入れ、たらこのまわりが白くなる程度にさっと火を通す。

じゃがいもの黒酢炒め

北京で教わった家庭のおかず。
火を通しすぎず、
歯ごたえを残すのがコツ

材料(2人分)
じゃがいも(男爵)　2個
ごま油　大さじ2/3
黒酢　大さじ1 1/2
塩　適量
粗挽き黒こしょう　少々

作り方
1　じゃがいもは太めのせん切りにする。
2　水を張ったボウルに1を入れ、5分ほどさらして水気をきる。
3　フライパンにごま油を熱し、2のじゃがいもを強火で炒め、黒酢と塩を加えて炒め合わせる。
4　じゃがいもに透明感が出たらすぐに火を止め、器に盛る。
5　黒こしょうをふる。

チキンソテー
プチトマトのソース

じゃこ豆腐

チキンソテー　プチトマトのソース

フォークでぷちゅっと崩しながら、
熱々のプチトマトを、
自分で甘酸っぱいソースに
仕立てて食べる

材料(2人分)
プチトマト　1パック分
鶏もも肉　2枚
さやいんげん　20本
オリーブオイル　大さじ1½
にんにく　2片
塩　適量
黒こしょう　適量

作り方
1　プチトマトは洗ってへたを取る。鶏もも肉は塩、こしょうで下味をつける。いんげんは塩ゆでにし、ざるに上げる。
2　フライパンにオリーブオイル、皮をむいたにんにくを入れて熱し、鶏もも肉を皮目から焼く。肉の上に重いふたをのせ、両面をじっくり焼く。
3　2の鶏肉を取り出し、余分な油をキッチンペーパーで拭き取り、プチトマトを入れてさっと火を通す。
4　器に鶏もも肉、2のにんにく、いんげんを盛りつけ、3を上からかける。

じゃこ豆腐

青唐辛子のさわやかな辛みが
全体をぴりりと引き締める、
夏の粋なひと皿

材料(2人分)
ちりめんじゃこ　大さじ2
木綿豆腐　½丁
青唐辛子　3～4cm
ごま油　大さじ1
塩　少々

作り方
1　豆腐は重しをのせて軽く水きりする。
2　青唐辛子を輪切りにし、器の中でじゃこと混ぜ合わせる。
3　1の豆腐を半分に切り、器に盛る。
4　3に2のじゃこと青唐辛子をのせ、上からごま油をかけ、塩をふる。

ねぎと豚肉の炒めもの

卵そうめん

ねぎと豚肉の炒めもの

豚肉もねぎも厚く切って
噛み心地も堪能したい。
白いごはんにぴったり

材料(2～3人分)
長ねぎ(白い部分) 2本
豚ばら肉(ブロック) 200g
A しょうゆ 小さじ2
みりん 小さじ1
酒 小さじ1
ごま油 大さじ½
塩 少々

作り方
1 豚ばら肉は厚めに切り、Aの調味料をもみ込んで5分ほどおく。
2 長ねぎは5cm長さの斜め切りにする。
3 フライパンにごま油を熱し、1の豚ばら肉を炒める。
4 表面がこんがり焼けたら、2の長ねぎを加える。
5 塩をふり、炒め合わせる。

卵そうめん

小腹が空いたとき、
ボウルひとつで
ぱぱっと作れる優しい味

材料（2人分）
卵　2個
そうめん　3束（または細うどん）
しょうゆ　小さじ½
塩　少々
かつおぶし　適量
七味唐辛子　適量

作り方
1　卵をボウルの中でよく溶きほぐし、しょうゆ、塩を混ぜる。
2　そうめんをゆでたら、冷水で締め、1の中に入れて手早くからめる。
3　2のそうめんを器に盛り、かつおぶしと七味唐辛子をかける。

揚げ丼

梅干し風味のにゅうめん

揚げ丼

何はなくとも
お揚げが一枚あれば！
熱々をのせて
しょうがじょうゆをたっぷり

材料（2人分）
油揚げ　1枚
おろししょうが　大さじ⅔
しょうゆ　大さじ1½
ごはん　茶碗2杯分

作り方
1　油揚げを網の上にのせ、こんがりと焙り、色紙切りにする。網がない場合は、よく熱したフライパンでもよい。
2　おろししょうがとしょうゆを合わせてしょうがじょうゆを作る。
3　2のしょうがじょうゆに1の油揚げをまぶす。
4　器に盛ったごはんの上に3の油揚げをのせ、さらに残ったしょうがをのせる。

梅干し風味のにゅうめん

梅干しがこんなにいいだしを出してくれるなんて。食欲のない日にもどうぞ

材料（2人分）
そうめん　2束
だし汁　カップ3
しょうゆ　大さじ1⅔
みりん　大さじ⅔
塩　少々
梅干し　適量
昆布のつくだ煮　適量

作り方
1　鍋に湯を沸かし、そうめんをゆでる。沸騰したら適宜差し水をする。ゆで上がったらざるに上げる。
2　鍋にだし汁を沸かし、しょうゆ、みりん、塩で味を調える。
3　器に1のそうめんを入れ、2の熱いだし汁をかける。梅干し、つくだ煮を盛る。

海苔と卵のスープ

上海のおかあさんの味。
時間のないときほど、
スープの熱さになごむ

材料(2人分)
焼き海苔(全型)　1枚
卵　2個
長ねぎ　⅔本
鶏がらスープ　カップ3
酒　小さじ1
水溶き片栗粉　少々
塩　小さじ1

作り方
1　海苔を、ちぎっておく。長ねぎは斜め切りにする。
2　小鍋に鶏がらスープと酒を入れて沸かし、水溶き片栗粉を少し加えてひと混ぜする。
3　2に卵を静かに割り入れる。卵に7割くらい火を通し、1の長ねぎを加える。
4　長ねぎが透き通ったら、塩で味を調える。
5　火を止める直前に1の海苔を加え器に盛る。

さっきから
南風が吹いている

シャリンバイの木陰を通り抜けて、海からやわらかな風が届く。「ぱいかじが吹いている」。誰かがつぶやいたら、みなそれぞれに高台の丘から湾の方角へゆっくりと振り返り、なにかを探すような視線を向けた。風のすがたなど見えるはずもないのに。

このちいさな島では、南風のことをぱいかじと呼ぶ。昼下がりになるとアダンの茂みを抜けて砂浜へ降り、リーフに砕け散る白い波を眺めながら、ぱいかじとたわむれる。それが島に渡って過ごした五日間の日々だった。ゴーヤーも島らっきょうも、ナーベラーも格別の味わいだった。おなじものを来る日も来る日も食べたくなり、そのたび、たったいま初めて口にしたかのようにおいしい、おいしいと繰り返した。

南風の吹く土地で食べた味が、ときおりなつかしくなる。しばらく食べないと呼吸が苦しくなるような気分さえ覚える。

だから週末の昼下がり、窓をぜんぶ開け、光をいっぱい入れる。ぷしゅ。冷たいビールの音が幕開けの合図だ。南の味を頬張ると、からだのすみずみに眠っていた旅の記憶もいっしょに起き上がる。つつーっ。グラスの水滴が光りながらすばやく滑り落ちたのは、きっと風のしわざだ。

レッドカレーそうめん

ゴーヤーチャンプルー

レッドカレーそうめん

タイの海岸沿いの食堂で食べた米そうめんカノムチンを思い出す

材料（4～5人分）
牛肉（薄切り）　200g
ゆでたけのこ　150g
赤ピーマン　½個
しめじ　½パック
レッドカレーペースト　50g
ココナッツミルク　カップ2
水　カップ½
ナムプラー　大さじ2
レモン汁　大さじ1
サラダ油　大さじ1
そうめん　4束

作り方

1　牛肉、たけのこ、赤ピーマンは一口大に切り、しめじは石づきを取って食べやすいようにほぐす。

2　鍋にサラダ油を入れ、レッドカレーペーストを香りが出るまで炒める。

3　2に牛肉、たけのこを入れ、炒める。

4　3にココナッツミルク、水、ナムプラー、レモン汁を加えて煮込む。

5　表面に油が浮いてきたら、赤ピーマン、しめじを加え、火が通ったら火を止める。

6　ゆでたそうめんを別の器に盛り、5のレッドカレーをかけていただく。

ゴーヤーチャンプルー

しょうゆはちょっぴり香りづけていど。
淡い味が沖縄の流儀です

材料(2〜3人分)
ゴーヤー　1本
木綿豆腐　2/3丁
豚ばら肉　150g
かつおぶし　適量
しょうゆ　小さじ2/3
酒　小さじ1
塩　適量
サラダ油　適量

作り方
1　木綿豆腐は重しをのせ、水きりをする。
2　ゴーヤーは縦半分に切って種とわたを取り除き、6〜7㎜の厚切りにする。豚ばら肉は食べやすい大きさに切る。
3　フライパンにサラダ油を適量熱し、1の木綿豆腐を手でちぎり入れ、こんがり炒めていったん皿に取り出しておく。
4　フライパンをキッチンペーパーなどで拭いてから、サラダ油大さじ1を加えて熱し、豚ばら肉を炒める。3の豆腐を戻し入れ、全体をなじませる。
5　ゴーヤーを加えて手早く炒め、色が鮮やかになったら、しょうゆ、酒、塩で味つけする。器に盛り、かつおぶしをかける。

ラープ

薄切りゴーヤーのサラダ

ラープ

思いっきり辛く作る
タイの名物料理。
煎り米の香ばしさが
絶妙の隠し味です

材料(3人分)
豚ひき肉　200g
米　大さじ2
A レモン汁　½個分
　ナムプラー　大さじ1½
　赤唐辛子　1本
　粉唐辛子　小さじ½〜
赤玉ねぎ　½個
万能ねぎ　6本
キャベツ　¼個

作り方
1 米は洗わずにフライパンに入れ、中火でこんがりきつね色に煎る。ふっくらふくらんだら取り出し、すりこぎで細かくすりつぶす。Aの赤唐辛子は小口切りにする。
2 赤玉ねぎは薄切り、万能ねぎは5cm長さに切る。
3 フライパンに豚ひき肉を入れ、Aを加えてから火にかける。中火で混ぜながら、全体がしっとりするまで火を通す。最後に1の煎り米の粉を加える。
4 粗熱がとれたら2を加えてさっくり混ぜ、器に盛る。キャベツにのせ、巻いていただく。

薄切りゴーヤーのサラダ

極薄にスライスして、
さっぱりとレモン汁の風味で
爽快に味わう

材料(2人分)
ゴーヤー　½本
ラディッシュ　3個
おろしにんにく　ひとつまみ
レモン汁　大さじ½
オリーブオイル　大さじ½
塩　適量

作り方
1　ゴーヤーは種とわたを取り除き、2㎜の薄切り、ラディッシュも同じ厚さに切る。
2　ゴーヤーをボウルに入れ、塩小さじ⅓を加えて10分おく。
3　ゴーヤーをごく軽く絞って、余分な水気をとる。
4　3にラディッシュ、おろしにんにく、レモン汁を加えて混ぜる。塩の量は、味をみながら調整する。
5　オリーブオイルを加え、ゴーヤーとラディッシュにからめる。

マトンとほうれんそうのカレー

きゅうりのライタ

マトンとほうれんそうのカレー

とっておきのカレーがこれ。
インドの家庭で
ごちそうになったのと同じ味

材料(4人分)
ほうれんそう　1束
マトン(ブロック)　500g
玉ねぎ　½個　トマト　大1個
サラダ油　大さじ2
おろししょうが　小さじ1
おろしにんにく　小さじ½
A ターメリック　小さじ⅔
クミン　小さじ1
コリアンダー　小さじ1
粉唐辛子　小さじ½
B 黒こしょう　小さじ¼
ガラムマサラ　小さじ1
バター　大さじ1
塩　小さじ1½
インディカ米　カップ2
ターメリック　小さじ1

作り方
1　ほうれんそうは洗ってからさっとゆで、ざるに上げて水気をきる。軽く絞った後、ざく切りにし、ミキサーにかける(または細かく刻む)。
2　玉ねぎを薄切りにする。
3　深めの鍋にサラダ油を熱し、玉ねぎをしんなりするまで炒める。
4　3に種と皮を取ってざく切りにしたトマトを加えて炒め、ペースト状にする。
5　おろししょうが、おろしにんにく、Aを加えてさらに炒める。ふつふつ煮えてきたら、一口大に切ったマトンを入れて混ぜ、ふたをして15

分ほど煮込む(マトンが手に入らない場合は、ラムを使う)。
6　1のほうれんそうとBを加え、約10分煮込む。
7　別の鍋でインディカ米に同量の水(材料外)、ターメリックを加え、普通のごはんと同様に炊く。
8　6にバター、塩を加えて味を調える。器にターメリックライスとともに盛りつける。

きゅうりのライタ

インドの定番のおかず。
朝食やカレーの
サイドディッシュにも

材料(3〜4人分)
- プレーンヨーグルト　500g
- きゅうり　½本
- 塩　小さじ½
- おろしにんにく　小さじ⅕
- 粉唐辛子　ひとつまみ
- クミン(パウダー)　ひとつまみ

作り方
1　ヨーグルトをボウルに入れ、なめらかになるまでスプーンなどでよく混ぜる。
2　きゅうりは斜めに切り、さらに細いせん切りにする。
3　1に塩とおろしにんにく、2のきゅうりを加えて、よく混ぜ合わせる。
4　器に3を入れ、上から粉唐辛子とクミンをかける。

豚ひき肉とえびの焙りだんご

れんこんの
スパイシー炒め

豚ひき肉とえびの焙りだんご

チェンマイの屋台で
おじさんがのんびりつくっていた。
網で焼くと2倍おいしい

材料(3人分)
豚ひき肉　150g
えび　150g
A しょうゆ　大さじ1
ナムプラー　大さじ1
おろしにんにく　小さじ½
酒　大さじ½
ごま油　小さじ1
砂糖　小さじ¼
塩　適量

作り方
1 えびは殻をむいて背わたを取り、包丁で粗くたたく。
2 ボウルに豚ひき肉を入れてAを加え、粘りが出るまで手でよく混ぜる。
3 2に1を加えてさっくり混ぜ、6〜7㎝大の俵形にまとめる。
4 コンロの上に焼き網をのせ、だんごを焙る。表面にこんがり焼き色をつけ、中まで火を通す。

れんこんのスパイシー炒め

インドの家庭では、
れんこんをこんなふうにして
食べる。
スパイスがいい香り

材料(4人分)
れんこん　中1節
ターメリック　小さじ¾
クミン　小さじ1
コリアンダー　小さじ1
赤唐辛子　1本
トマト水煮　100g
水　カップ½
塩　適量
サラダ油　適量

作り方
1　れんこんをよく水で洗い、皮つきのまま1cmの厚切りにする。
2　フライパンにサラダ油を熱し、1を入れて炒める。
3　火が通ったら、ターメリック、クミン、コリアンダー、赤唐辛子を加え、全体をなじませる。
4　3に粗く刻んだトマトの水煮、水を入れて15分ほど煮込む。れんこんが柔らかくなったら、塩で味を調える。

スペアリブと
れんこんのスープ

プチトマトのスープ

スペアリブとれんこんのスープ

れんこんから
じわあっといいうまみ。
こっくり深みのある
ベトナム南部のスープ

材料(4人分)
れんこん　中1節
豚スペアリブ　300g
万能ねぎ　5〜6本
ナムプラー　大さじ1½
酒　大さじ1
おろしにんにく　小さじ1
砂糖　小さじ½
水　カップ4
塩　適量
黒こしょう　適量

作り方
1　ボウルにスペアリブを入れ、ナムプラー、酒、おろしにんにく、砂糖を加え、よくもみ込んで15〜20分くらいおく。
2　れんこんは皮つきのまま大きめの乱切りにする。
3　鍋に1と水を入れて強火にかけ、沸騰したら中火にして、アクを取りながら30分ほど煮込む。
4　れんこんを加え、柔らかくなるまで煮込んでから、塩で味を調える。
5　4に5㎝の長さに切った万能ねぎを入れる。ねぎの色が変わったらすぐに火を止め、器に盛る。黒こしょうをかけていただく。

プチトマトのスープ

ベトナムの家庭料理は
おだやかな風味。
だしいらずでも、うまみ一杯

材料(2〜3人分)
プチトマト 10個
豚ひき肉 150g
A ナムプラー 大さじ1/3
酒 小さじ1
しょうゆ 小さじ1/3
砂糖 小さじ1/4
塩 適量
黒こしょう 適量
ナムプラー 大さじ1½〜
酒 大さじ½
水 カップ3½
イタリアンパセリ 3〜4本

作り方
1 プチトマトを洗い、へたを取る。
2 豚ひき肉にAを加え、粘りが出るまで手でよく混ぜる。
3 水を入れて沸騰させた鍋に、親指大に丸めた2を入れ、アクを取りながら煮る。
4 ナムプラーと酒を加え、プチトマトを入れる。
5 火が通ったらすぐ器に盛り、ちぎったイタリアンパセリを散らす。

フルーツのヨーグルトクリーム添え

しょうがの
コンフィチュールの
アイスクリーム

フルーツのヨーグルトクリーム添え

インドのデザート、シュリカンドをアレンジしたとびきり美味なクリーム

材料(3〜4人分)
プレーンヨーグルト　500g
砂糖　大さじ1/2
ラズベリー　適量
ブルーベリー　適量(お好みのフルーツならなんでも)

作り方
1　ヨーグルトはさらしなどで包み、口を紐でしばって5〜6時間ほど吊るして水分(乳清)を抜く。
2　クリーム状になった1をボウルに入れ、砂糖を加えて混ぜ合わせる。
3　ラズベリーとブルーベリーは、よく洗って水気をきり、器に盛る。
4　3の上に2のヨーグルトクリームをかける。

しょうがのコンフィチュールのアイスクリーム

パンチのきいた大人のデザート。
熱いお湯を注いで
ホットドリンクにも

材料(保存用1瓶分)
せん切りしょうが　カップ1
砂糖　カップ⅔
水　カップ1
バニラアイスクリーム　適量

作り方
1　しょうがは皮つきのまません切りにする。
2　1と砂糖、水を小鍋に入れて火にかけ、沸騰したら弱火にし、30～40分じっくり煮詰める。
3　全体にとろみが出てきたら火を止め、冷まして保存容器に入れる。
4　バニラアイスクリームの上にのせていただく。

遠くなったり近くなったり

おおきく実った夏みかんが濃い緑の葉陰からいくつも顔をのぞかせている。風が吹くと枝ごとゆさゆさ揺れて、いまにも橙色が落ちてきそうだ。

彼女の家は、夏みかんの木をくぐって入る。細い路地を進みながら軒先のまるい橙色を見上げて通り、玄関先に立ってチャイムを押す。すると、四角いドアホンのなかから聞き慣れた声が聞こえる。

「はーい」

来たよー。顔を近づけてドアホンのなかに声を返すと、ふたたびいつもの返事だ。

「はーいすぐ下りるね」

二階からとことこ下りてきてドアを開け、半身出して迎え入れてくれる。いらっしゃい、上がってお茶でも飲んでいってよ。

彼女の家の居間は日当たりのよい二階にある。テーブルにはざっくり目の粗い麻のクロスが掛けてあり、かたすみに読みかけの本、今日届いたはがきや手紙、灰皿と煙草も置いてある。

「いまお茶、淹れるね」

「ありがとう」

腰を落ち着けてしばらくすると、長いつきあいの遠慮のなさが手伝って、いつもとおなじ言葉が口をついて出る。

「ほんのすこしだけでいいの、なにかちっちゃい食べるもの、ある？」

どうしてだろう、彼女の居間にいるとなにか食べたくなる。なんでもかまわないのだ。クッキー一枚でも、かまぼこの切れはしでも、冷蔵庫のなかの煮浸しでも。熱いお茶といっしょに彼女の日常の味を口にすると、しばらくぶりの時間がいとも軽やかに縮まる。いつもの親しさと馴じみがたちまち湧いてきて、心地のいい居場所に身が落ち着く。

「これどう？　昨日かき餅焼いてみたのだけれど、むらになってうまく焼けなかったの。でも、味はおいしいよ」

うん食べる、食べる。豆入りを一枚出してもらってばりっと割って噛むと、威勢のいい香ばしさが砕けて広がった。ガスの火って湿気をふくんでいるから、お餅もぷっくり焼くの、むずかしいよね。やっぱり炭火がいちばんよねえ。ああそういえば、うちの近所に手焼き煎餅の店があって、そこのおじさんは真冬でもTシャツで頭にこう、タオルをきゅっと巻いていて……二人して焙《ほう》じ茶を啜りながらばりばりもごもご、いつものようにおしゃべりが尽きない。

*

二十二、三歳のころ、しきりにつくっていた料理がある。それが「鶏肉と玉ねぎのトマト煮」だ。

厚手の鍋にまず輪切りにした玉ねぎを敷き、さらに鶏もも肉、トマトの水煮の順番にかさねる。これをもう一回。つまり、玉ねぎ、鶏肉、トマト、玉ねぎ、鶏肉、トマト。ちょうど鍋がいっぱいになったところで、いちばんうえからオリーブオイルをたらりとかけ回し、潰したにんにくをひとかけ放りこみ、塩をふる。水は一滴も入れない。おまじないにローリエの葉っぱを一枚のせ、蓋をして火にかける。たったこれだけ。

一時間も過ぎると、いい感じにふつふつと煮えて玉ねぎやトマトの汁気が混じり合う。トマトの赤にオリーブオイルや鶏から出た肉汁が複雑にからみ、鍋のなかはやわらかなオレンジ色に変化している。あんなに嵩《かさ》のあった鍋のなかがぐっと沈みこみ、玉ねぎもとろんと透明だ。火をすこし小さくしてさらに二十分ほど煮こんだのち蓋を開けると、ほのかな酸味を含んだ香りが強くなる。すっかり悦に入って有頂天。ああ、いつものよい香りだ。どこで覚えた料理なのか、それとも誰かに教わったのか、もうすっかり忘れてしまったけれど、あれはほんとうに頼りになる料理だった。材料もつくりかたもこれ以上ないほど簡単なのに、けっして失敗がない。仕上がりはかならずおいしい。それに、なんといっても当時はすこぶる洒落た味だったのだ。

わたしのとっておきのひと皿だった。だから、ボーイフレンドがごはんを食べにくるという事態になったとき、すがるようにして迷わず最初につくった。

鶏肉と玉ねぎのトマト煮。グリーンサラダ。バゲットににんにくをさっとこすりつけて焼いたの。ビール。

テーブルに並べた風景を眺めて、彼は目を見開いて驚いた。うわあすごいなあ、こんなのつくれるんだ。おいしいおいしいとしきりに褒めて平らげてくれたけれど、いっぽうのわたしは、ほんとうをいえばすこしうしろめたい気持ちを覚えていた。

とびきり簡単で、あらかじめ仕上げておけるから気がらくで、何度も繰り返しつくっているからぜったい失敗がない。なんといえばよいのだろう、保険がいっぱいかかっている感じ？　安全圏にこもって、首だけちょこんとのぞかせてびくびく脅えている、そんな感じ。つまり、こっそりと安心や見栄に逃げを打っているように思われた。

大自慢の味の奥まったところにそんな感情が潜んでいるなんて、ついぞ想像したこともなかった。それは、好きなひとといっしょに食べているからこそ、思いもかけず探りだしてしまった感情なのだろう。向かい合って食べながら、そんな自分に驚いてもいた。

すっかりつくることもなくなっていた料理だけれど、ときおりあのういういしい味を思い起こす。いまなら白ワインで風味をつけてみたり、セロリやパセリをくわえたり、ブラックオリーブをごろごろ入れたり、それなりに味わいに陰影をつける知恵を働かせてみるのだろうか。

でも、忘れていたわけではない。むしろ、ふとした拍子に記憶を蘇らせてきた。ちいさなテーブルのあっちとこっち、向かい合わせで食べたあの「鶏肉と玉ねぎのトマト煮」は、わたしの深いところに錘《おもり》を沈《しず》めて、きっとさまざまな味を黙って見守りつづけてきたのかもしれない。

＊

「おとこのひとって、どうしてつくり置きのおかずに手を出したがらないのかな」

みずえさんは、承伏しかねるといった口ぶりだ。つき合っている相手と暮らして二年とすこし、あたしは主婦じゃないしといいながら、残業の多い建築会社に勤めるかたわらせっせと台所に立っている様子である。

「彼のほうが帰りが早いことが多いのよ。だから、ときどきおかずをこしらえておくようにしてるわけ。ところが、こないだ」

ごくり、みずえさんの喉の奥でコーヒーが滑り落ちる音がした。

「朝ごはんの用意をするついでに、たけのこを煮ておいたの。いや、たいしたことないのよ、ゆでたけのこをおだしで煮るだけだもの。でね、いつも八時半にいっしょに家を出て駅まで歩くんだけど、道すがら『お鍋のなかにたけのこ煮てあるからね、食べるときはそのままあたためるだけだからね、でも味が浸《し》みてるから冷たいままでもおいしいよ』って伝えておいたわけ。そしたら、うんうんそうするありがと、って」

ところが、みずえさんが残業をすませて夜中に帰りつくと、台所に今朝の鍋が手つかずのまま置いてあった。おれ今日は帰りが早そうなんだよ、よしたけのこ食うぞと喜んでいたから、すっかり食べているものだと思っていたのに。おまけにごみ箱のなかにコンビニ弁当の容器が突っこんであるのを目撃してもうがっくり、くやしいから、あたしひとりで夜中にたけのこがりがり食べたわよというのがみずえさんの愚痴なのだった。

なかなか微妙な話である。たけのこの煮ものにこころ弾むのも、ほんとう。夜ぜったい食べたいと朝思うのも、ほんとう。わざわざこしらえてもらったときのうれしい気持ちには一点の曇りもない。だからといって、定規で線を引いたようにものごとが運ぶかといえば……。

こしらえるときの思惑と、食べるときの都合。そのふたつは、時間のずれにともなって微妙にずれる。たとえ自分でこしらえて自分で食べるときでさえ。

できたての勢いは、味にいっそうの勢いをつけるものだ。だからこそ、火傷しそうなくらいの熱さやほかほかの湯気は、すでにごちそうである。すぱっと切り立った包丁の目、あざやかな色つや、輪郭のはっきりとした香り。すべてが一気呵成《かせい》においしさの背中を押す。やっぱり、できたて、つくりたてにかなうものはない。

いっぽうそれなりに時間が経てば、味には微妙な、またはおおきな変化がそなわる。とりわけ煮ものがこっくりと豊かな味わいにふくらむのは、ちゃんと理由がある。味というものは、冷めるあいだにしっかり浸みていくからだ。だから、ひと晩置いた筑前煮やひじきの煮ものはまるみを帯びて味が落ちつき、こっくりとした深みが出る。マリネや酢漬けは酢のつんと尖った鋭さがとれる。ただし、炒めものをそのまま置けば水気が出てへたりこみ、無惨なすがたに悲哀が漂ってしまうけれど。

それらをいちばんよく知っているのは、こしらえたそのひとなのだ。だから、いちばんおいしいときに味わってほしい、すぐさま食べてもらいたい。けれども、いきなり鍋の蓋をぽんと開けただけのひとにとっては、ただの鍋の中身にしか見えないのは責められたことではないだろう。

台所でこしらえたひと皿の料理には、おのずとさまざまなふくみがあるものだ。まだ相手の好みがよくわかっていなくて、がんばって鶏の手羽先の煮こみをこしらえたら鶏肉が大の苦手だったとか、ただの思いつきでたくあんの切れっぱしを刻んでごま油と醤油でさっと炒めただけなのにおおいに好評で拍子抜けしたとか、だれにでもそんな泣き笑いは山ほどあるにちがいない。

おいそれと杓子定規にはいかない。いや、だからこそ台所に立つのはおもしろいのだと、みなそれぞれ自分にいい聞かせるのである。

「待てよ。もしかして」

みずえさんが、大発見でもしたように浮き足だった。

「あれ、たけのこだったせいかな。カレーとか肉じゃがだったら、ひとりでもぜったい鍋あっためて食べてるような気がする」

自画自賛したくなるほどうまくこしらえたたけのこの煮ものが、つくり置きだってことだけでコンビニ弁当にあっさり負けちゃうなんて納得いかないよね。そういって頰づえをついた指さきをしきりに動かし、腑に落ちない様子でカップの底のコーヒーをくいっと飲み干したのだった。

ああ、みずえさんいいな。たけのこの煮もの放ったらかしにしてコンビニ弁当を買っちゃった相手のことがとても好きだから、だからそんなふうにくやしがったり、むっとしたり、思わず先まわりをして台所に立ったり、ていねいに気持ちのかけらを拾い集めてはしきりに思いをめぐらすのだ。

＊

ゆったりとして先を急がない、たしかな手の運びはひと皿のおいしさに輪郭を与える。

料理を配るのではない。味わいを手渡すのだ。

ひと椀の味噌汁を手渡すとき、指さきに気持ちをこめると、おのずとぴんと伸びる。椀をのせて預けた掌はこころもち緊張し、添えたいっぽうの掌はやわらかなまるみを帯びてあてられ、ぜんぶの指には気の張りが宿る。そんなふうにして受けとった味噌汁には、煮えばなの風味がじゅんじゅんと充ちている。

味わうまえに、すでにおいしさは伝わっている。おいしく味わいたいという気持ちをしずかに誘いだしてくれる。

ひとりで飲む。
ふたりで食べる

たくさんつくったほうがおいしい料理というのがある。なんといえばよいか、最初はばらばらだった味や香りなのに、鍋やボウルのなかで混じり合い、複雑に絡み、しだいにまとまり、あらたな風味を得てひとつにふくらむ、そんな料理。

度量のおおきい料理ともいえるかしら。そのときどきの時間や台所の空気、つくったときの気分までどっしり受け容れてくれている。いつもとおなじようにつくったとしても、味に幅があるのだ。けれども、その振れ幅じたいが、太いおいしさにちゃんと繋がっている。ちんまりおさまったりしていないところが、うれしさを呼ぶ。

そういう料理は、ひとりではなく、ふたりのときに食べたい。もちろんひとりで食べたってかまわないのだけれど、ちょっともったいない。うまくいけば「うわ、今日はかくべつの出来」と自慢したいし、調子が狂ったなら「ありゃ火が強かったかな」。けなげにうなだれて、よしよしとなぐさめてもらいたい。いっしょに食べながら、ぎゃくに料理におおらかに包みこんでもらっている、そんな感じ。

だから、ひとつの皿をあいだにして、ふたりはいっそう親密になる。

じゃがいもの甘辛

ぽろぽろ
炒り豆腐

じゃがいもの甘辛

思わず「あとひとつ！」。
箸がのびる。
ほくほく、こってり濃い味に
仕上げる

材料（4人分）
じゃがいも（男爵）　4個
A しょうゆ　大さじ1
　コチュジャン　大さじ2
　みりん　大さじ1½
　酒　大さじ1
　砂糖　小さじ2
白すりごま　大さじ⅔
ごま油　大さじ½
水　適量

作り方
1　じゃがいもは皮をむいて6つの乱切りにし、面取りする。Aをすべて合わせ、混ぜる。
2　厚手の鍋にごま油を熱し、1のじゃがいもを炒める。
3　Aを半量入れ、ふたをして弱めの中火で煮込む。途中でAの残り半量を入れ、味をしみこませる。こげつかないよう、ときどき少量の水を加え、混ぜながら煮る。
4　じゃがいもに竹串がスッと通ったら火から下ろし、白すりごまを加えて混ぜる。

ぽろぽろ炒り豆腐

ニッポンのおふくろの味。
おかずにも酒の肴にも。
懐の深いひと品

材料（4人分）
木綿豆腐　1丁
ちりめんじゃこ　ひとつかみ
白いりごま　大さじ1/3
溶き卵　1個分
しょうゆ　小さじ1 1/2
みりん　小さじ1
塩　適量
ごま油　大さじ1

作り方
1　木綿豆腐を手で割りほぐし、ざるに上げて15～20分水きりする。
2　フライパンにごま油を入れて熱し、木べらで水気を飛ばしながら1を強めの中火で炒める。
3　じゃこ、白いりごま、溶き卵を加え、さらに炒める。
4　全体に水気が飛んだら、しょうゆ、みりん、塩で味を調え、ほろりと仕上げる。

海苔と小松菜の和えもの

海苔は、わたしの奥の手。
上手に青菜のおいしさを
引き立ててくれるから

材料(2〜3人分)
焼き海苔(全型)　2枚
小松菜　1束
塩　適量
オリーブオイル　大さじ½
レモン汁　大さじ⅔

作り方

1　小松菜は塩を加えた熱湯でさっとゆで、ざるに上げて冷ます。軽く水気を絞り、食べやすい大きさに切る。

2　ボウルに1と塩、オリーブオイル、レモン汁を入れて和える。

3　食べる直前に、2に大きめにちぎった海苔を入れて和える。

結びこんにゃく味噌だれ

こんにゃくを
地味だと思っていたら
もったいない。
ぷにぷにの食感がごちそう

材料(3〜4人分)
こんにゃく(白、黒)　各½枚
味噌　大さじ3
しょうゆ　小さじ½
みりん　大さじ1
酒　大さじ½
砂糖　小さじ1

作り方
1　白こんにゃくは食べやすい大きさに手でちぎる。黒こんにゃくは薄切りにし、中央に切り込みを入れて、一方の先端を中に入れてくるっと手綱に結ぶ。
2　1を熱湯で2〜3分ゆで、ざるに上げる。
3　味噌、みりん、酒、しょうゆ、砂糖を小鍋に入れ、弱火で熱して火を通して、もったりさせる。
4　2と3を器に盛る。

牛すね肉とこんにゃくのピリ辛炒め

じゃこと
ピーナッツ炒め

牛すね肉とこんにゃくのピリ辛炒め

すね肉は噛めば噛むほど
奥深い味わい。
冷めても温かくても
どちらもおいしい

材料（3〜4人分）
こんにゃく　1枚
牛すね肉（ブロック）　200g
しょうゆ　大さじ1½
みりん　大さじ1
酒　大さじ⅔
砂糖　小さじ1
ごま油　大さじ1
一味唐辛子　適量

作り方
1　こんにゃくを2〜3㎝角に手でちぎり、熱湯でゆでてざるに上げ、水気をきる。
2　牛すね肉は、こんにゃくと同じ大きさに切る。フライパンにごま油を熱し、強火で牛すね肉を炒める。
3　牛すね肉の色が変わったら、1のこんにゃくを入れて水分を飛ばしながら炒め、しょうゆ、みりん、酒、砂糖を加えて炒める。
4　汁気が飛んだら火を止め、器に盛って一味唐辛子をたっぷり振る。

じゃこと ピーナッツ炒め

ビールにぴったり、
台湾のおつまみ。
ぽりぽり止まらない

材料(3〜4人分)
ちりめんじゃこ　カップ½
ピーナッツ　カップ1
白いりごま　小さじ½
にんにく　1片
赤唐辛子　1本
しょうゆ　小さじ¼
紹興酒　小さじ1
ごま油　大さじ1

作り方
1　ピーナッツは皮を取り除く。にんにくはみじん切り、赤唐辛子は小口切りにする。白いりごまは粗くつぶす。
2　フライパンにごま油、1のにんにくと赤唐辛子を入れて熱し、香りが立ったらじゃこを加える。
3　じゃこがカリッとしてきたらピーナッツを加え、炒め合わせる。
4　3にしょうゆ、紹興酒を加えてよく混ぜ合わせる。
5　1の白いりごまを全体にからませ、火を止める。

じゃがいもと
たらこのサラダ

キムチと豚肉の炒めもの

ねぎと三つ葉のおつゆ

締めくくりはあっさりと。
ねぎの甘み、三つ葉の香りがスープに溶け込んで

材料（2人分）
長ねぎ（白い部分）　⅔本
三つ葉　10本
鶏がらスープ　カップ2½
しょうゆ　小さじ2
酒　小さじ1
塩　少々

作り方
1　長ねぎを7〜8㎝の長さに切り、芯を取り除き、せん切りにする。
2　三つ葉はざく切りにする。
3　鶏がらスープを小鍋で熱し、しょうゆ、酒、塩で味を調える。
4　3に1のねぎを加え、少し火を通してすぐ火を止め、2の三つ葉を加える。

卵蒸し

ほうれんそうのごまだれ

卵蒸し

蒸したてのふるふるを運ぶとき、
いつも同じ幸せを感じる

材料(2〜3人分)
卵　3個
だし汁　2カップ弱
しょうゆ　小さじ½
塩　少々
酒　小さじ½

作り方
1　卵をボウルに入れて溶きほぐし、ざるを通して漉《こ》し、なめらかにする。
2　1にだし汁、しょうゆ、塩、酒を加えて混ぜ、器に入れる。
3　2を温めた蒸し器で蒸す。3分くらい強火で蒸した後、中火にして11〜12分ほど蒸す。

ほうれんそうのごまだれ

家庭料理のいちばんの魅力は、いつも変わらない味だと思う

材料(2〜3人分)
ほうれんそう　1束
A 黒すりごま　大さじ2
しょうゆ　小さじ1/3
みりん　大さじ1/2

作り方
1　洗ったほうれんそうを熱湯でさっとゆで、ざるに上げて水気をきる。長さをそろえてぎゅっと絞り、5〜6cm長さに切る。
2　Aをよく混ぜ合わせ、器に盛った1のほうれんそうにかける。

干物入りサラダ

きゅうりと
鶏胸肉の
レモン炒め

干物入りサラダ

さくさくしゃきしゃき、
新鮮な驚きも
おいしさのひとつだと
知りました

材料（2人分）
さばのみりん干し　半身分
みょうが　3本
三つ葉　10本
きゅうり　½本
A レモン汁　大さじ½
　オリーブオイル　大さじ⅔
　塩　適量

作り方
1　さばのみりん干しをグリルで焼き、いったん冷まして身を締めてから粗くほぐす。
2　みょうが、きゅうりはせん切りにし、三つ葉は3cm長さに切る。
3　1と2をボウルに入れ、Aを加えて和える。

きゅうりと鶏胸肉のレモン炒め

主役はころころのきゅうり。
ふわっと羽が生えたような
軽やかな味が身上

材料（2〜3人分）
きゅうり　2本
鶏胸肉　200g
A 酒　小さじ1/2
　塩　小さじ1/4
片栗粉　大さじ1/2
レモンの輪切り　4枚
レモン汁　小さじ1/2
ごま油　大さじ2

作り方
1 鶏胸肉は3cm角に切る。Aをもみ込み、5分ほどおいて味をなじませてから、片栗粉をさっとまぶす。
2 きゅうりは皮をむき、大きめの乱切りにする。
3 フライパンを熱してごま油を入れ、1の鶏胸肉を炒める。
4 鶏胸肉に火が通ったら、きゅうり、レモンの輪切りを入れ、レモン汁、酒小さじ1/2（分量外）、塩少々（分量外）で調味する。
5 きゅうりの色が鮮やかに変わったら、すぐ火を止める。

ほうれんそうと卵の炒飯

割りれんこんの素揚げ

ほうれんそうと卵の炒飯

ひと手間かけた気持ちは格別のおいしさになって相手に伝わる

材料（2人分）
ほうれんそう　½束
溶き卵　2個分
サラダ油　大さじ1½
ごはん　茶碗2杯分
酒　大さじ½
しょうゆ　小さじ1
塩　適量

作り方

1　ほうれんそうは洗って、熱湯でさっとゆで、ざるに上げて水気をきる。いったん絞ってみじん切りにし、さらにぎゅっと絞る。

2　フライパンにサラダ油大さじ2（分量外）を熱し、溶き卵を入れて大きく混ぜ、半熟状になったらすぐ取り出す。

3　同じフライパンにサラダ油を入れ、ごはんを入れて炒める。ごはんに油がまわったら、1のほうれんそうを加えて炒める。

4　2の卵を戻し、大きく混ぜながら炒め、鍋肌から酒としょうゆを加えてさらに炒める。最後に塩で味を調える。

割りれんこんの素揚げ

日本酒に合うシブい味。
口中で滋味が弾ける

材料(2〜3人分)
れんこん　大2節
サラダ油　適量
黒こしょう　2粒
塩　適量

作り方
1 れんこんをよく洗って汚れを落とし、皮つきのまま瓶などで粗くたたき割る。
2 1を食べやすい長さに折り、キッチンペーパーで水気を取る。
3 鍋にサラダ油をたっぷり入れて熱し、2を中火でじっくり揚げる。
4 全体に火が通ったら温度を上げ、きつね色にカリッと揚げる。
5 キッチンペーパーの上に4のれんこんを取り出し、油をきり、器に盛る。つぶした黒こしょうと塩を合わせたものを添える。

干物ごはん

しょうがごはん

干物ごはん

もう何十年も
作り続けている混ぜごはん。
カマスの干物もおすすめ

材料(4人分)
あじの干物　2枚
みりん　大さじ⅓
酒　大さじ½
水　適量
青じそ　10枚
白いりごま　適量
米　カップ2

作り方
1　米は洗ってざるに上げる。
2　あじの干物を焼き、粗くほぐして身と骨に分ける。
3　土鍋か炊飯器に1と2の骨を入れ、みりん、酒、水(米を炊く分量からみりんと酒の分量を引いたもの)を加えて米を炊く。
4　炊き上がったら骨を取り除き、粗くほぐしたあじの干物を加えて混ぜ合わせ、蒸らす。細切りにした青じそを加えてさっくり混ぜ、器に盛り、白いりごまをかけていただく。

しょうがごはん

さあどうぞ。
よそった茶碗を
大事に渡したくなる、
とっておきのごはん

材料(4人分)
しょうが(3㎜厚さの薄切り)　10枚分
油揚げ　1枚
米　カップ2½
みりん　大さじ1
塩　小さじ⅓
水　適量
白いりごま　大さじ½

作り方
1　米は洗ってざるに上げる。
2　しょうがは皮をむいて薄切りにし、米と同じ大きさのあられ切りにする。油揚げは細切りにする。
3　土鍋か炊飯器に1と2を入れ、みりん、水(米を炊く分量からみりんの分量を引いたもの)、塩を加えて米を炊く。
4　炊き上がったら、白いりごまを加えてふんわりと混ぜ合わせ、少し蒸らす。

焼きたらこごはん

きゅうりと
ねぎのおつゆ

焼きたらこごはん

上等なたらこが
手に入ったとき、ぜひ。
上品な塩味と三つ葉の香りが
よい相性

材料(2人分)
たらこ　大½腹
ごはん　茶碗2杯分
三つ葉　5〜6本
白いりごま　小さじ2

作り方
1　三つ葉は3〜4㎝長さに切る。
2　たらこはよく熱した網にのせ、表面がこんがりする程度に焼き、一口大に切る。
3　ボウルに温かいごはんと2のたらこ、1の三つ葉を入れ、さっくりと混ぜ合わせる。
4　3を器に盛り、白いりごまをかける。

きゅうりとねぎのおつゆ

しゃきしゃきの
繊細な歯ごたえが新鮮。
清涼なおいしさに、
あと味すっきり

材料(2人分)
きゅうり　1本
長ねぎ(白い部分)　½本
鶏がらスープ　カップ2½
酒　小さじ1½
塩　適量

作り方
1　きゅうりは細切りにする。長ねぎはせん切りにする。
2　鶏がらスープを鍋に入れ酒、塩を加え、沸騰したら1のきゅうりと長ねぎを入れる。
3　きゅうりの色が変わったら、すぐに火を止め、器に盛る。

れんこんのすり流し

さつまいもの
きんとん

さつまいものレモン煮

さつまいもは
デザートにぴったりの素材。
ほっこり落ち着くおいしさ

材料(4人分)
さつまいも(なると金時) 大1本
A 白ワイン カップ1
水 カップ1
グラニュー糖 大さじ3
干しぶどう カップ1/3
レモン(輪切り) 5〜6枚
レモン汁 1/2個分

作り方
1 さつまいもを水でよく洗い、皮ごと1.5cm厚さの輪切りにする。
2 1を水(分量外)を張ったボウルに入れ、10分ほど水にさらす。
3 小鍋にAをすべて入れて火にかけ、沸いたら2を加える。
4 再び沸騰したら弱めの中火にし、20分ほど煮る。
5 火を止め、そのまま冷ます。保存容器に入れ、冷蔵庫でひと晩冷やすと、味がしみこみ、とろりとした食感が味わえる。

素材別につくるときのために

なにか食べたいと思うとき、「あの料理」ではなくて、「あの素材」が食べたいと思うことがある。

手間や時間をかけすぎず、無用にいじらず、素材の持ち味をストレートに生かして味わいたいのだ。とくべつな素材はいらない。

ほしいのは、近所の八百屋や肉屋や魚屋でかんたんに手に入る旬の勢い。からだがしゃっきり元気になる料理がつくりたい。

木綿豆腐

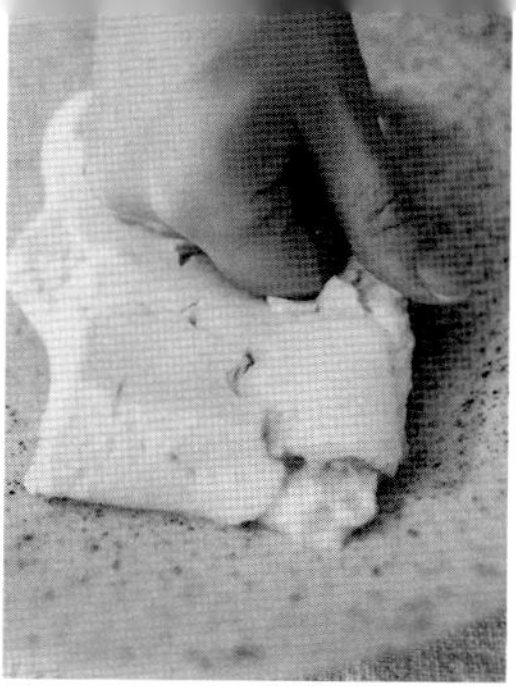

豆腐は木綿か絹ごしか、と聞かれたら、迷わず「木綿!」と答える。もちろん、絹ごしのふるふるの柔らかさ、つるんとすべらかな喉ごしも好きなのだけれど、やっぱり木綿豆腐のたくましさのほうに魅かれてしまう。大豆の風味が、がつんとストレートに伝わってくるように思うから。

ただし、いくら木綿豆腐でも、しじゅう四角に切っているだけではおもしろくない。じっさい、豆腐は切り方によって驚くほど味そのものが変化するから不思議だ。

たとえば、ごくふつうの豆腐の味噌汁。手でおおきくちぎり、箸で割りほぐしながら食べるときもあれば、粗く崩したり、かたちがないほどぽろぽろに潰したりするときもある。おおきくちぎった豆腐は、大豆の風味をぐんと鮮やかに感じるし、粗く崩すとだしや調味料とからみ合い、新たな主張のあるおいしさになる。手でぽろぽろに潰してから味噌汁に混ぜこむようにしてつくるのも好きだ。まるで大豆のポタージュみたいな味になる。

豆腐は、ほんとうに頼れる奴だ。困ったときの豆腐頼み。ことに食欲のないときは、すぐに豆腐に下駄を預ける。すると、よしまかせておきなさい。面倒見のよさも抜群だ。ごま油でも、オリーブオイルでも、さらりと自分のものにしてしまう親分肌がすてきです。

豆腐はぜひ、近所の豆腐屋さんが早朝にこしらえたできたてを！　大豆の香りがちがいます。

ゴーヤー

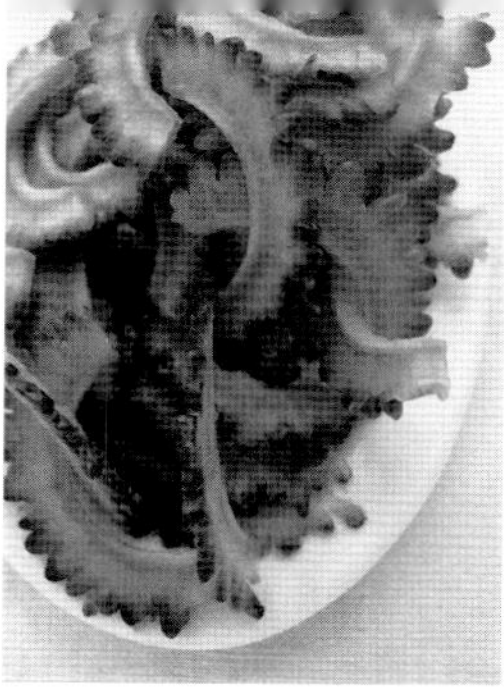

「ゴーヤーは水にさらして苦みを取る」というひとがいるけれど、それはもったいない！

苦みこそ最大の持ち味。おいしさの決め手。しゃきっと噛むと、口のなかいっぱいに清冽《せいれつ》な苦さが弾ける。何度食べても、その瞬間、全身に爽快な衝撃が走る。

ゴーヤーは夏の味。沖縄を旅すると、あちこちの家の軒先にゴーヤーがすだれのように葉っぱを繁らせ、色濃い緑の実をぶらさげている光景を目にする。たっぷりおおきく長く実ったら、もいでチャンプルーに、和えものに。毎日のおかずに欠かせない。

そのおいしさをまるごと味わうためには、いくつかのポイントがある。決して火を通しすぎないこと。さっと鮮やかに色が変わったら、すぐに火を止める。加熱しすぎてぐずっと柔らかになってしまえば、ゴーヤーの爽やかさがすっ飛んでしまう。

また、切り方ひとつで全然ちがう食感と味に変わる。すりおろせば、驚きのしゃりしゃり感。ゴーヤー一本、あっぱれな変幻自在ぶりである。

だから、夏がくると私は毎日ゴーヤーが食べたくなる。あの苦みの爽快感をからだが覚えてしまったので、すっかりやみつき。よしあしの見分け方も万全だ。店先で選ぶときは、表面のイボイボが鋭くつんと立った持ち重りのするものを。新鮮なものほど、手で握るとみっしりした重量感がある。

ゴーヤーで苦み走った夏を！

ゴーヤーしりしりヨーグルト　P76
ゴーヤーチャンプルー　P101
薄切りゴーヤーのサラダ　P105

そうめん

こどものころ、夏休みがやってくると、お昼ごはんがちょっとこわかった。

(毎日おそうめんと冷や麦なんだもの)

とはいえ不満も言えず、妹とふたり、黙ってめんつゆつけて、来る日も来る日もちゅるると啜った。

そんな記憶があるせいか、おとなになって食べるそうめんはあの手この手、盛んに工夫をこらす。なにしろそうめんは、じつは変幻自在だから。

冷たいそうめん。温かなにゅうめん。手でくるりと巻いて。タイではカレーをかけたりもする。熱さ、冷たさ、辛さ、なんでも受け容れる懐の深さにびっくりだ。

さらに、もうひとつ。最近わたしは、そうめんをわざと多めにゆでる。水にさらして締めたら、指にくるくる巻きつけてひと口ずつに分け、保存容器に入れておくのだ。これは、驚くほど便利です。小分けしておけば、ぽんと取り出して翌日の朝ごはんの味噌汁に入れたり、晩ごはんにはにゅうめんだって簡単につくれてしまう。

あまったそうめんがやっかいなのは、ぜんぶくっついてしまうから。それさえ解決しておけば、忙しいときや疲れているとき、夏の助っ人の役割も見事に引き受けてくれるのだ。

夏真っ盛り。今年こそ母にも教えてあげよう。

卵そうめん　P89
梅干し風味のにゅうめん　P93
レッドカレーそうめん　P100
しそとごまの手巻きそうめん　P153

きゅうり

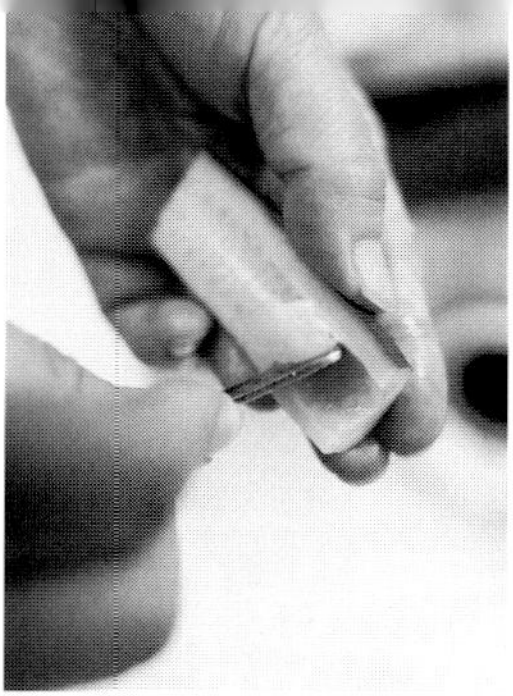

「サラダ以外に、いったいどうやって食べればいいの？」

そう言われがちなきゅうりは、ずいぶんかわいそうだ。気がいいばかりに空気みたいな存在になっちゃって、すっかり目立たない子のような。でも、ぜんぜんちがうんですよ、それが。

きゅうりは意外にもかなりのお調子者です。炒めれば、こりこり。皮をむけば、パリパリ。さっと火を通せば、しゃきしゃき。お座敷のかかりようひとつで別人に変身してしまうから、びっくりだ。

きゅうりが苦手なひとは、「青くさいから」とか「種のところが水っぽくて」と言う。たしかにね。でも、その青くさい皮をむいたり、水っぽい種をこそげ取ったりしたら、どうだろう。きゅうりの味も食感もびっくりするほど変わってしまう。

「え、きゅうりってこんな味だったの」

サラダ以外に食べたことがなかったというひとが、きゅうりのスープを飲んで目を丸くする。そうでしょうとも。水っぽさや青くささを上手に除けば、火の具合や塩かげん、切り方で、きゅうりは次々に新しいカードを切ってくる。おかずからごちそうまでこなしてしまう。なかなかしたたかな相手なのです、じつは。

最大の敵は火の強さ。ぐずぐずしてうっかり火を入れすぎると、たちまち妙な青くささと水っぽさが戻ってきて、逆襲されるからご用心。

きゅうりの甘酢漬け　P50
きゅうりのライタ　P109
きゅうりと鶏胸肉のレモン炒め　P165
きゅうりとねぎのおつゆ　P181

揚げ

酒の肴をひとつだけ、と聞かれたら、迷わず「お揚げ！」と答える。あまり食欲がないときにも、やっぱり「お揚げ！」である。

熱いお揚げを嚙みしめると、じわじわっとうまみがにじんで広がる。派手なところのない、いかにも地味でひなびた味わいなのだが、そこが好きだ。

そして、不思議なことにちっとも飽きない。たとえば朝は味噌汁、昼においなりさん、夜にこんがり焙る。おなじお揚げだというのに、それぞれまったく別の味わい。うなってしまう。

だから、こちらも芸を磨こう。お揚げの調理法のバリエーションは、たくさん持つが勝ち。

煮ると、ふわっと柔らかく、だしのうまみをたっぷり吸う。

ところが、焼いたり焙ったりすると、こんがり焦げて香ばしく、油気も抜ける。熱の加え方ひとつで、まるで逆の舌触りに変身だ。

切り方でも大きくちがう。太めのたんざく、極細のせん切り、または小ぶりの色紙切り。内側をそうっと開いて袋にすれば、卵やチーズ、納豆を入れて焼く。それぞれに味の含みようも食感もがらりと変わるから、心底恐れ入る。

お揚げこんこん、変化は自在。焼いても焙ってもわずか一、二分。困ったときの神頼みも引き受けてくれる。

そんなわけで、いつも油揚げを欠かさない。深夜、足音をしのばせながら、台所でこっそり焙ってちびちび箸でつまむひそやかなおいしさは、ほかのものではちょっと替えがきかない。

揚げと卵のおつゆ　P34
ブルーチーズ入り焙り揚げ　P47
揚げ丼　P92

こんにゃく

ダイエットのためにおいしいものをがまんするのは苦手だ。でも体重計の数字が気になるときだって、やっぱりある。さあ、そんなときはどうするか。私が頼りにする助っ人の一員はこんにゃくである。

こんにゃくは食べごたえがある。ここが一番かんじんなところ。カロリーは少ないのに、しっかり食べた気になる。でも、食べた気分になってごまかされるのではありません。それは食感のよさに秘密がある。こりこり、ぷりぷり、くいくい、噛むたびにきゅっと歯に食いこむキレのよさ、軽快さに誘われて、つい箸が進む。持つとずっしり重いけれど、こんにゃくは意外にも食べ心地は軽快だ。

そして、そのあとも大事なところだ。こんにゃくは、味わいだってけっこう深い。しっかり噛むと、舌の上にじんわり持ち味が滲み出る。こんにゃくの材料はそもそもこんにゃくいものなのだから、考えてみれば当然なのだけれど。

こんにゃくの滋味。軽やかな食感。それらを生かすためのお約束がある。こんにゃくは、ちぎったり、結んだり、手の風合いを残そう。すると、舌触りのよさが増すだけでなく、一片ずつそれぞれの食感におもしろみが加わる。つるん、ざらり、ぶりっ、多彩な味わいが舌の上で躍るから、こんにゃくは結構なごちそうにもなる。あらかじめさっと熱湯でゆでておくのも、水っぽさを抜いて、こんにゃくの味わいを引き立てたいから。ダイエットでなくても、おいしいこんにゃくならやみつきになります。

細こんにゃくの白和え　P55
結びこんにゃく 味噌だれ　P141
牛すね肉とこんにゃくのピリ辛炒め　P144

ちりめんじゃこ

冷蔵庫のなかにないと不安になる素材はいくつかあるが、いつでも惜しげなく使いたいので、じゃこを切らすと落ち着かない。

和えものに少し食べごたえを出したいときは問答無用、じゃこに頼る。小松菜、春菊、クレソン、三つ葉、ほうれんそう……苦みのある葉っぱのお浸しや和えものは、じゃこやごまを入れるだけで、味わいに深みを加えてくれる。または、長年の定番はじゃこ入り炒飯だ。「わ、なにもない！」というときだって、ひとつかみのじゃこさえあれば、あとは長ねぎのみじん切りと卵だけで十分満足のいくひと皿になる。

暑い夏ともなればそのままつるりと食べられる豆腐に助けられるが、豆腐だけでは力も出ない。やる気のないとき、台所に立つ元気のないときは、豆腐のうえにじゃこをたっぷり。

ごま油としょうゆをたらりとかければ、おなかも気持ちも励まされて背筋も伸びる。野菜炒めにひとつかみ、サラダにもひとつかみ、なんにでも惜しげなく使いたいから、どっさり買うのが習慣だ。

じゃこはなぜこんなに満足感を誘うのだろう。それは、ちゃんと噛むから。しっかり乾いた歯ごたえのあるじゃこほど、ゆっくり噛みしめたくなる。すると、そのぶんおいしさはぐっと増す。うまみが高まり、ほのかな塩気と混じり合って口のなかに広がるのだ。

だから、じゃこを使うときは塩の量がポイントになる。じゃこ自体の塩気を計算に入れて、そのぶん塩は控えめ。肉と同じだとかんがえれば、使い勝手は自在に広がる。

じゃこの梅肉和え　P54
じゃこ豆腐　P85
じゃことピーナッツ炒め　P145

プチトマト

プチトマトは、そのまま食べる以外に手はないでしょう？　そう思いこんでいませんか。だとしたら、ずいぶん損をしてます。わたしがプチトマトの実力を思い知ったのは、スパゲッティのソースをつくったときだ。トマトソースのスパゲッティが食べたいのに、冷凍庫につくり置きもない。完熟トマトもない。うなだれかけたとき目に飛びこんできたのが、1パックのプチトマトだった。

「これだ！」。フライパンにオリーブオイルを注ぎ、プチトマトをそのままどどーっと入れて炒めてみたのだが、ひとくち食べて感動した。プチトマトの甘み、こく、うまみ、ぜんぶがぎゅうっと凝縮されて、こんな濃い味わいに転じるとは。手間もかかっていないのに、いつものトマトソースと互角の勝負をするプチトマトに脱帽した。

以来すっかりプチトマトはだいじな食材になった。炒めたり煮たり、しかも熱くて丸いプチトマトが口のなかでぷちっと弾けるときのおいしさ！　カレーのときちょっとこくが足りないと思ったら、プチトマトを数個放りこむ。

ただし、丸ごと形を残したいときは、火の入れすぎにご用心。皮が弾けたその瞬間、すでに火はじゅうぶん通っている。そのタイミングを逃さなければ、「火の入ったフレッシュさ」に出合うことができる。

わたしがいつも冷蔵庫にプチトマトを欠かさないのは、こんな理由です。

プチトマトのごま和え　P28

春菊とプチトマトのおつゆ　P59

チキンソテー プチトマトのソース　P84

プチトマトのスープ　P117

白菜キムチ

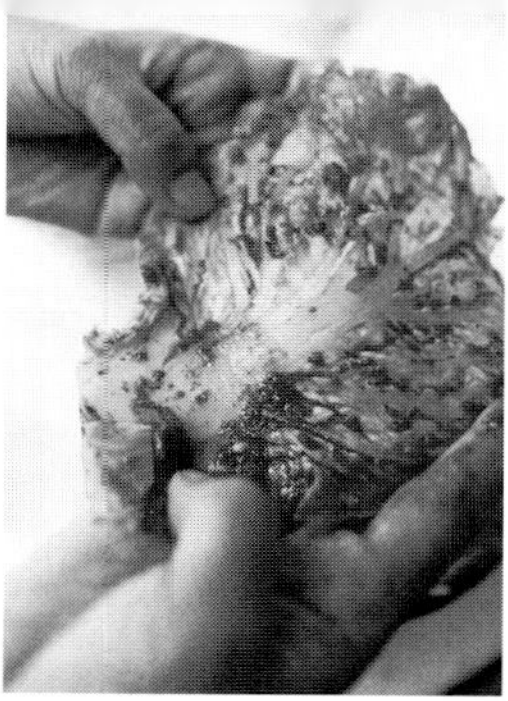

キムチは好きですか。

わたしは一年中、白菜キムチを欠かさない。でかいステンレスの保存容器に後生大事に一年ものも蓄えてもいる。味わいが日々刻々と変化していくのを、じっくり待つ構えである。

白菜キムチは、そのまま食べるのでは飽き足りない。一ヵ月もおいて熟成させ、炒めたり煮込んだりする。たっぷり発酵を重ねたキムチは、加熱すると、驚くほどこくが出る。うまみがふくらんだ深いおいしさを知ると、誰でもキムチのとりこ。

さて、キムチを欠かさない生活をしていると、ふとした折に新しい食べ方を思いつく。そのうちの大ヒットは、白菜キムチのトーストサンドとピラフだ。トーストの香ばしさ、海苔の風味、白菜キムチの酸味と辛さ。それらをバターやマヨネーズがつなぐ。きゅうりの軽やかな歯ごたえも絶妙だ。それぞれが与えられた仕事をきっちり果たしながら、どれが欠けても成立しない黄金の組み合わせの誕生である。ピラフは、キムチのうまみのすべてを米ひとつぶひとつぶに吸いこませるところが決め手。炒めて煮込んだキムチは、パルミジャーノやオリーブオイルに一歩も退けをとらない。堂々たる役者ぶりに、キムチを見直すこと、うけあい。

それもこれも、しっかり熟成したキムチあってこそ。変幻自在のおとなの仕事は、ひよっこの浅漬けキムチではつとまりません。

キムチのピラフ　P20
キムチのサンドイッチ　P21
キムチと豚肉の炒めもの　P149

ヨーグルト

カップ一杯のヨーグルトが毎朝の習慣だ。ときどきうっかり忘れることもあるけれど、やっぱり食べなければ落ち着かない。そのままでもいいけれど、はちみつ、ジャム、刻んだフルーツ……気の向くまま、好きなものを入れてたっぷり食べる。

でも、いつもおなじ繰り返しになりがちだ。じつはヨーグルトにはいろんな食べ方がある。塩味のヨーグルトと聞くと、みんな「えっ？」と反応するけれど、野菜の「ライタ」はインドやネパール、パキスタンあたり、つまりカレーが日常食の国ではおなじみのサイドディッシュ。軽めの塩味をつけ、風味づけにおろしにんにくをほんの少し。そこに野菜を合わせる。きゅうり、玉ねぎ、ズッキーニ、トマト、ピーマン、しし唐……なんでも合う。コツといえば、せん切りにしてヨーグルトとよくからむようにするくらい。カレーをつくるときは、わたしにとっても欠かすことのできない「小さなおかず」だ。これを少しずつ直接ごはんにかけてもおいしい。

ヨーグルトをさらしに包んで吊るすのも、インドの知恵。乳清と呼ぶ水分と乳脂肪分を分離させると、濃厚でねっとりとしたクリームがとれる。砂糖を混ぜれば自家製のナチュラルクリームの登場だ。フルーツにかけたり、カステラやビスケットにのせたり。おもてなしのデザートのとき、いつもお客さまを驚かせるのもこのクリームだ。

ヨーグルトは毎日のごはんのようにからだに親しい存在だから、選ぶのは必ずオーソドックスなブルガリアヨーグルト。

ヨーグルト・アイスクリーム　P38
きゅうりのライタ　P109
フルーツのヨーグルトクリーム添え　P120

焼き海苔

海苔の味がわかるようになったらおとなである。かさりと乾いて、とんと愛想のない舌触りだが、一拍置いてじんわり滋味が滲み出てくるところがシブい。

「粋なおじいちゃんみたい」

そう言ったひとがいる。よくわかる。そっけない様子に見せかけて、じつは味わい深い。なにしろ海に抱かれて育まれたのだもの。

海苔の味がいちばんよくわかるのは、さっと焙ってそのまま。火にかざすと磯の香りが冴え、透明感のある翠色《みどりいろ》を帯びる。そこを噛むと、乾いた音とともに潮の渦に巻き込まれる。さあ一献《いっこん》。

海苔は生かしようひとつ。ちぎる。もむ。切る。扱い方でいろんな一品にすがたを変える。

ちぎれば、ただちに素材になる。そして、食べたとき、はっとするはずだ。海苔がこんな主張の強い味だったとは！　細しゃきしゃきの青菜を相手に一歩も負けない。または、細かくちぎって調味料をもみこめば、その柔軟性にも驚く。いろんな味をぐーっと自分に引き入れて、さらに味わいをふくらませる老練ぶりに降参だ。スープに入れれば自分の風味を惜しげなく披露する。

そんなおいしさを体験するためには、海苔は必ず質のよいものを。ていねいにつくられた海苔なら、まず鼻先にふわりと漂う香りが違う。乾物だからと侮ってはいけない。

海苔は生ものとおなじ。そのくらいの心意気で使いたい。

海苔の和えもの　P51
海苔と卵のスープ　P96
海苔と小松菜の和えもの　P140

干物

干物が好きだ。しばらく食べていないと、恋しくなって買いに走る。海のそばに住んでいたら、きっと毎日自分でつくるだろう。それに「朝食には干物」なんて、誰が決めたのだろう。昼ごはんでも晩ごはんでも、干物はいつでも食べたい。

ひと塩して干した干物は、うまみが濃縮されている。天日に干したものなら、いっそう。水気が適度に飛び、やんわり熟成することで味の深さやこくが生まれている。干物は、風や太陽の力を借りながら、魚が自分のうまみを高めるよう促す方法のひとつ。ただ焼いただけで十分おいしい。と同時に、食材としても有能だ。焼いてそのまま魚のかたちをしていれば、やっぱりごはんのおかずに……となりがちだけれど、いったん焼いてから粗くほぐすと、格段に使いやすくなる。

もう二十年つくり続けているのは干物ごはんだ。じつは、私が干物のおいしさに開眼したのはこの一品がきっかけである。ただ焼くだけでは気づかなかったうまみや香りが、ごはん、青じそ、ごまと組み合わせて初めて、ふわあっと大きく開花し、ごはんに寄り添う。すぐさま炒飯にも使ってみて、やっぱり感激した。

いったん自由になれば、あとは好きなように。焼いてからレモンを垂らす。香味野菜と和えてサラダにする……ただ焼くのでは飽き足りなくなっていた。

あれこれ試すうちに気がついた。そうか。干物はハムとおなじように考えればいいんだ！

ほぐし干物レモン風味　P42
干物入りサラダ　P164
干物ごはん　P176

ひき肉

ふだんの料理にひき肉をたくさん使うほうではない。肉を食べたいときは、肉そのものの味をガツンと味わいたくなるから、ハンバーグにはとんとごぶさたということになる。

しかし、長年飽きずにつくっているひき肉料理がある。それがこの三皿だ。

ひき肉の魅力は、扱いひとつでまったく異なるおいしさに変わること。牛肉も豚肉も鶏肉も、あらかじめ細かく繊維がほぐれているから、そのぶん調味料がしっかりしみこむ。もうひとつの特徴は、柔らかいこと。もちろん長所と短所は背中合わせだけれど、この柔らかさを逆手にとれば、かたちも仕上がりも思うままということになる。だから、だんごやつくねなどひとかたまりにするときは、わたしはわざとでこぼこに粗く仕上げて舌に当たる食感を不ぞろいにする。歯ごたえにおもしろみが増すのも、ひき肉でなければ味わえない楽しみだ。

火の入れようによっても、ひき肉の食感は大きく違う。へらで潰すようにして弱めの火をゆっくり通せば、なめらかに。強火で勢いよく炒めれば、いちどきにぎゅっと繊維が固まってポロポロに。つくりたい料理によって、火のかげんや調理法を工夫すると、ひき肉自由自在！

おいしいひき肉料理の最大のコツは、肉が新鮮であること。肉を目の前で挽いてくれる肉屋さんが近所にあれば、見逃さずに。いったん挽いたあとの肉は、驚くほど足が早い。

牛そぼろのせうどん　P32
ラープ　P104
豚ひき肉とえびの焙りだんご　P112

卵

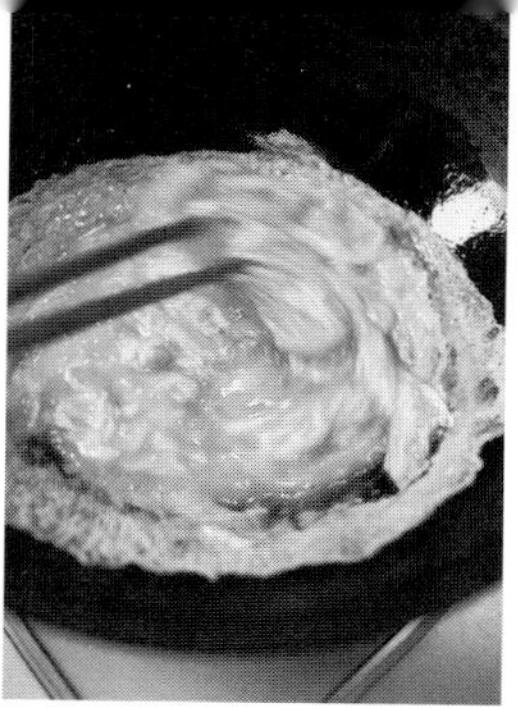

ふり返ればいつでもにこにこ、そこにいる。安心感いっぱい、年中お世話になりっぱなしなのが卵である。
　腹を立てた様子も見せず、ひたすら穏和な卵だが、こちらの扱いひとつで、顔つきはずいぶん違ってくる。いったんそれに気づくと、うかうかしていられない。なにしろ、溶きほぐし方ひとつで、食感はまったく異なる。卵は、こしも味のうち。ほぐしすぎれば、勢いを失う。炒めるときは、ボウルに割り入れたら、菜箸で全体を大きく切るように混ぜると、食感に弾力が出てこしが生きる。オムレツをつくる場合もこしの強さはおいしさのポイントだ。
　ところが、蒸すときは逆である。シンプルな卵蒸しにしても、茶碗蒸しにしても、とろとろふわふわのなめらかな舌触りが命。となれば、絹ごしの食感に仕上げたい。だから、いったん溶きほぐしたら、ひと手間かけて一度漉したい。漉すなんて面倒だからいや、と言いたいのもわかります。なにもさらしで漉さなくても大丈夫。知恵を働かせて、いつものざるを使って網の目を通すだけでいいんです。一度漉せば、すべすべの舌触り。

もうひとつのポイントは火加減。炒めるときは、強火で一気に。のろのろやっていると火が入りすぎて、硬くなるいっぽう。だから、卵を炒めるのは、全部の準備を終えてから。蒸すときは、最初は強火、途中で中火に落とす。火が入りすぎると、すかすかになってしまう。

めっぽう性格がいい卵だが、そのぶんこちらの扱いのよしあしがそのまま露呈してしまう。あなどれない。

揚げと卵のおつゆ　P34
卵とトマトの炒めもの　P77
卵そうめん　P89
卵蒸し　P160
ほうれんそうと卵の炒飯　P172

きのこ

きのこは「木の子」、お山の子。秋風が吹きはじめると、山里のあちこちでにょきにょき、今年も元気な顔をのぞかせる。

きのこのおいしさは、香りと歯ごたえ。すがすがしい山の空気のなかで育んだ持ち味を生かしたい。

気をつけたいのは、むやみに水で洗わないこと。水気はきのこの大敵。とたんに香りが失せてしまう。気になるなら、薄い塩水でさっと振り洗いするか、柔らかな布でささっと汚れやごみを取り除く。

もうひとつ、火の通しすぎにご用心。きのこは、加熱するときゅっとちいさくなる。だから切り方も厚め、おおきめ。それをさっと焙ったり、焼いたり、炒めたり。なにしろ歯ごたえのよさが身上なのだから、きのこをむやみにやせさせてはいけません。

忘れられないのは生のマッシュルームの味である。

（え？　生でマッシュルームを⁉）

はい、そのとおり。これが、びっくりするほどおいしい。みじん切りのエシャロットとヴィネガーでさっと和えただけのサラダも、とびきり。こりこり、ぽくぽく、淡くて優しい歯ごたえのなかに、繊細なきのこの味わいが顔をのぞかせて驚かされる。

松茸ばかりがきのこの王様ではない。しめじ、えのき、しいたけ……年中見慣れたきのこも、秋ともなれば香気いっぱい。きのこの焼ける芳しい香りは、秋風にとびきり似合う。

焙りしいたけ
ブルーチーズ風味　P25
マッシュルームのサラダ　P72
きのこの
オリーブオイルソテー　P168

ほうれんそう

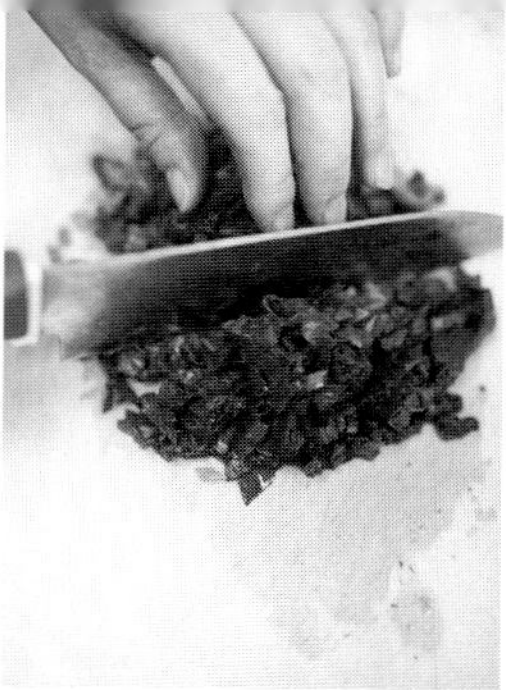

小学五年生のとき、家庭科の調理実習で初めてつくったのがほうれんそうのバター炒めだった。フライパンの表面で熱いバターがじゅくじゅく泡を立てて溶けると、夢のように芳しい香り。そこへほうれんそうを入れたら、みるみる濃い緑がぐんと鮮やかになって、思わず生つばを飲みこんだ。

実習室で、先生が何度も繰り返し言ったっけ。「ほうれんそうはゆですぎてはいけません。さっとゆでなければ、色も、栄養も逃げてしまいますよ」。それから何十年経っても、ずっと言いつけを守り続けている。先生ありがとう。だって、それがほうれんそうを扱うときの一番のコツだから。

真冬、ほうれんそうの色は濃い深緑で肉厚になるけれど、葉っぱはしっとり柔らかい。もちろんフレッシュなまま生で食べられるが、火を通すと、デリケートな持ち味や香りがぐっと頭をもたげる。お浸しや和えもののときは、その細やかな味わいを楽しみたいから、ひたすら火の通しすぎに用心する。

ところが、いろんな知恵がついて驚いたことがある。ほうれんそうは、細かくみじん切りにしたり潰したりしても、底力を発揮する。スパイスをたっぷり使ったり、ミキサーでペースト状にしてくつくつ煮ても、できあがってみると自分ならではの風味を主張する。最後に勝つ、という感じでしょうか。

優しい味わいなのに、じつはたくましく、頼もしい。ほうれんそうの痛快な実力を思い知る料理三つ、小学生時代の自分にごちそうして目を丸くさせてやりたい。

マトンとほうれんそうのカレー　P108
ほうれんそうのごまだれ　P161
ほうれんそうと卵の炒飯　P172

長ねぎ

さあ寒くなったら、いよいよねぎの季節です。

ねぎは冬が深まるにつれ、ぐんと甘みを増す。うまみもいっぱい。旬の到来を今や遅し、手ぐすね引いて待っていた。ねぎは年中姿を見かけるけれど、味わいどきは冬場。寒さを味方に引き入れ、土のなかで日々じっくりおいしさを蓄えてきた。

ねぎの持ち味を引き出すには、切り方と火の使い方がポイントだ。もっともシンプルに味わうには、長めのぶつ切りにして焙るのがいちばん。外側が黒く焦げるまで遠火でじっくり、ゆっくり。焦げたひと皮をぺろっとむき、太った熱々の中身を頬張る。ああ、これがねぎの味！　あらためて驚く。ねぎが口のなかで強烈に自己主張をする。

炒めるなら、火が通りやすいよう斜めに切るとよい。熱に触れる面積が大きいほど、ねぎの味は効果的に引き出されるから。ただし、火の入れすぎにはくれぐれもご用心。ねぎは、しゃきっとした歯ごたえのよさが身上だ。もたもたして一線を越えると、とたんにくったり、勢いを失う。予熱で火が通るから、少し早めに引き上げると失敗がない。

煮るときもおなじこと。ねぎは、透き通ればどんどん味がもったりする。やっぱり旬のねぎだもの、辛みと歯ごたえを残したい。

ただし、すき焼きの鍋のすみっこにへばりついた、とろとろにとろけそうな柔らかいねぎも、それはそれでたまらないおいしさだ。

焙りねぎ　P43
ねぎ豆腐　P46
ねぎバゲット 甜麺醤風味　P58
ねぎと三つ葉のおつゆ　P156
きゅうりとねぎのおつゆ　P181

春菊

　こどものころ、春菊が苦手だった。冬になると、週末の鍋にどっさり出てくるから閉口した。

「ちゃんと青いのも食べなさい」

　母に小言を言われると、妹といっしょにぶつくさ口答えした。

「だって、苦いんだもん」

　ところが、おとなになったら春菊のほろ苦さが好きになった。冬になると、春菊の深くて濃い緑色がうれしい。味覚は育つのですね。ただし、春菊が好きなひとでも、たいてい和えものか鍋ものになってしまうという声をよく聞くけれど、それはもったいない。もともと春菊の葉は柔らかく、しっとりきめ細かいから、茎からちぎってそのまま味わえる。独特のほろ苦さは、ルッコラにも通じる。だからチーズやプロシユート、オリーブオイルにも……こんなふうに考えれば、春菊の使い勝手はぐっと広がる。

生でも食べられるのだから、ゆでるときはほんの一瞬だけ。沸騰している鍋のなかに入れて、色がぱっと濃くなったら、もうそれで。ゆですぎると、香りもしゃきしゃき感も飛んでしまうからご用心。春菊は、ずいぶん繊細な野菜なのだ。ゆでるとき気をつけたいのは、葉と茎の火の通り具合。鍋に入れる順番は、まず根もとの硬い茎、次に十秒ほど置いて柔らかい葉。ずらして入れると、ゆで上がりのタイミングを上手に合わせられる。

香りのよさ、ほろ苦さをあの手この手で味わえるようになったら、おとなの証拠です。

春菊とシェーブルのバゲット　P35
春菊とプチトマトのおつゆ　P59
春菊とプロシュートのサラダ　P169

しょうが

ひゅーっと首すじから寒さが忍び込むのがわかるときがある。「あ、冷えた」。気がついたときには、からだの奥まで冷えが魔の手を伸ばしたあとだ。けれども、白旗を掲げるのはくやしいから、あわてて策を講じる。薬ではなく、台所に転がっているしょうがを頼りにして。

しょうがをたくさん使う機会があまりなくて、とよく聞く。ひねしょうがをひとつ買うと、結局台所のすみでひからびてしまうの、と。そこで、よい案があります。

やみつきになっている炊きこみごはんがある。それが、驚くほどどっさりしょうがを入れて炊くしょうがごはんだ。細かくあられにしょうがを刻み、お揚げはできるだけ細く切る。たったそれだけ。味つけも、みりんと塩だけ。炊き上がった熱々の鍋を開けると、しょうがの香りが鼻先にふわあっと香る。しゃきしゃき噛むたび、いっそう香りが立つ。そして、しょうがのほのかな辛みや甘みがごはんに寄り添い、お揚げがこくを醸し出す。箸がもう止まらない。

いちばんのごちそうは、ぽっかぽかのあったかさかもしれない。ひと碗を食べ終えるころには背中からつま先までじいんと厚みのあるぬくもりが充満している。「ああ幸せ」。からだの中からあたたまる快感を知ると、もう手放せない。ひとかけらをもて余していた日が、遠い昔のように思えてくる。

南インド風 豚肉としょうがのカレー　P24
しょうがのコンフィチュールのアイスクリーム　P121
しょうがごはん　P177

さつまいも

木枯らしが吹く季節は、さつまいも。ほくほく、むっちり、これぞ真冬の贈りものだ。

そのまま輪切りにしてオリーブオイルで両面をこんがり焼いたり、ころころの角切りにしてごはんといっしょに炊きこんだりするけれど、うちの人気ナンバーワンはやきいもだ。

冬のやきいもは、わたしにとってプルーストのマドレーヌ体験に等しい。こどものころ、通りでやきいも屋を見つけると、親にせがんでお財布を握りしめて追いかけたっけ。遠い日のなつかしい思い出もいっしょに、やきいもの味のなかには入っている。

その美味が簡単に実現できる。洗ってそのままホイルで包み、グリルでじっくり焼くだけ。焼けたら最低十分そのまま置くと、さらにねっとり、糖度も高まる。手間いらずだから、冬はよく朝ごはんに食べる。バターをたっぷりのせて主食代わり。あちち、と舌を焼きながら頬張っていると、寒い朝も元気が湧いてくる。いつのまにかからだも芯からぬくもって。

さつまいもには種類があり、それぞれに食感や甘みも違う。やきいもに合うのはねっとり糖度のあるべにあずま、肉色がオレンジ色のべにはやと。淡い黄色でほくほくの高系14号はお菓子や料理に万能。濃い紫色の紫いもも出回っている。好みによって使い分けたい。

繊維が多いのも、さつまいもの特徴だ。だからそのぶん、味がしみこみやすい。ことこと煮たあと、いったん冷ますと味がぐーっと入るので、煮えたてより味がしっかりしますよ。

簡単やきいも　P73
さつまいものきんとん　P185
さつまいものレモン煮　P188

じゃがいも

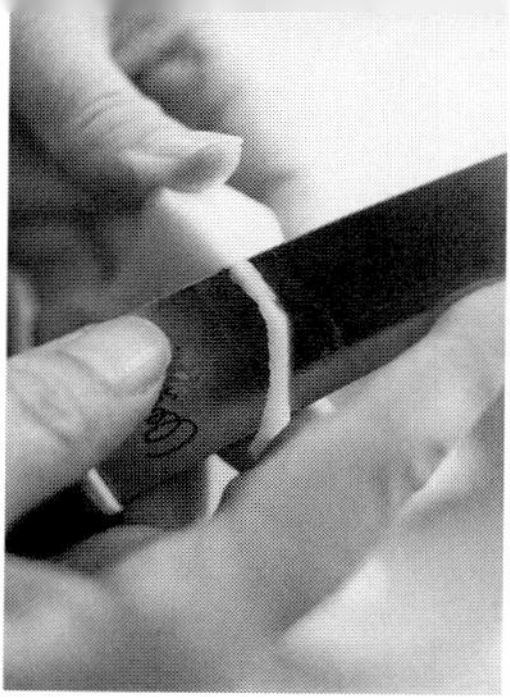

アイルランドの市場をのぞいたら、老いも若きも買い物かごにじゃがいもをどっさり放りこんでいる。パリのビストロでごはんを食べたら、肉の煮込みの隣に小山のように盛り上げたマッシュポテト。そして日本でも、鍋いっぱいの肉じゃがは気取りのないおふくろの味。じゃがいもの味噌汁の穏やかな味わいには、勝てるものがないと思う。

じゃがいもは、誰もがほっと安らぐおいしさだ。けれど、そのぶん同じような味に頼りがち。だから、知恵の働かせどころ。肉じゃがばかりでは、じゃがいもの名がすたる。さあ、気分転換といきましょう。たとえば男爵いもなら、すりおろす、せん切りにする、炒めながらしゃきっと火を通す。まずはこの三つがあれば、じゃがいもは変幻自在だ。すりおろしてお焼きにするとむっちりもっちり、じゃがいもの変貌ぶりに驚く。赤ちゃんの肌のような柔らかさはお餅のようだ。水にさらしたせん切りに一瞬だけ火を通すと、歯ごたえはパリッパリ。小ぶりに切って炒め煮にすれば、硬めの歯ごたえの奥に粘っこい張りが顔をのぞかせる。

つまり、塩梅ひとつで、じゃがいもはまるきりおいしさが違ってくるということ。煮るだけでは、その奥深さは体験できない。甘辛でも酸っぱくても、どんな味にもすんなり馴染んでしまう懐の広さにも感心してしまう。

「じゃがいもにはこんな味もあったの⁉」

思わず顔を見合わせて交す会話も、食卓に花を添えてくれる。

じゃがいものお焼き　P29
じゃがいもの黒酢炒め　P81
じゃがいもの甘辛　P136
じゃがいものとたらこのサラダ　P148

たらこ

たらこは焼きますか。

生のまま切って、ごはんのおともにしますか。

それとも?

たらこのおいしさは、こくの深い塩味にある。箸の先のほんのひとつまみでも、複雑な味わいやうまみが味覚に響く。だから、塩分は控えめで着色されていないもの、全体がふっくらしていて、薄皮に張りがあるものを選びたい。たらこを買うときは、贅沢をするつもりがちょうどいい。

おいしいたらこはそれだけで主役も張れるけれど、相手の素材をぐっと引き立てる側にも回れる。つまり、抜群の調味料にも変身できる。ここが非凡なところ。たとえば、柔らかなじゃがいもにしみこんだたらこのうまみ。ギリシャ料理にじゃがいもとたらこを合わせた「タラモサラダ」があるけれど、なるほど世界共通のおいしさなのだと納得する。
さらに驚くのは、スープや汁ものに使うとき。たらこを入れるだけで、たちまちおつゆの味わいに奥行きが出る。ただし、火の通しかたにはご注意を。焼いても煮ても、加熱しすぎると味が一気にがくんと落ちる。ふわっと色がピンクに変わりかけた、その瞬間を見定めてすばやく火から降ろそう。ところで、たらこはふたつでひと腹。だから、一本だけなら半腹ということになります。ここ、間違えがちなので覚えておきましょう。

たらこ豆腐　P80
じゃがいもとたらこのサラダ　P148
焼きたらこのごはん　P180

味噌

おいしい味噌汁をつくるためには、味噌を溶き入れたあと、煮立たせてはならない。味噌は、ぐつぐつ煮てしまうと重い匂いが出てしまう。だから味噌汁のときは、ふわりと味噌の香りが漂うよう、軽やかに仕上げたい。あらかじめゆるく溶いた味噌を入れるのは、具に火が通ったあと、つまりいちばん最後。ふたたび全体がゆらりと沸いたら、すぐ火を止める。

いっぽう味噌風味の煮ものは、くつくつ煮ることでこくを出す。味噌も、そのときどきの使いよう。

ひとことで味噌といっても種類は多い。日本では米味噌や麦味噌、豆味噌が主流だが、ほかにも素材によって種類はたくさん。使ってみたいものはいろいろある。

なかでも応用範囲が広いのが、韓国の唐辛子味噌「コチュジャン」。コチュは唐辛子、ジャンは味噌の意味。炒めものからたれまで使い勝手は抜群だから、見逃せない。

中国にも味噌状の調味料がたくさんある。たとえば誰にでも使いやすいのは、小麦粉を発酵させてつくる甘味噌「甜麺醤」。キャベツ炒めや豚肉炒めでも、奥行きのある味わいの味噌に替えてみれば、手軽に新鮮なおいしさが味わえる。

味噌汁には、やっぱり自分の気に入りの「いつもの味噌」を選んで使いたい。いっぽう料理の調味料として、いろんな味噌を自在に使い分ける無限のおもしろさも知っておきたい。

ねぎバゲット 甜麺醤風味 P58
結びこんにゃく 味噌だれ P141
いかと野菜のコチュジャン炒め P152
れんこんのすり流し P184

本書は、二〇〇八年七月に小社から刊行された
単行本『よい香りのする皿』を加筆修正改題の上、
文庫化したものです。

平松洋子―岡山県倉敷市に生まれる。東京女子大学文理学部社会学科卒業。エッセイスト。

食文化と暮らしのかかわりをテーマに、幅広く執筆活動を行っている。2006年『買えない味』(ちくま文庫)で第16回Bunkamuraドゥマゴ文学賞受賞。2012年『野蛮な読書』(集英社文庫)で第28回講談社エッセイ賞受賞。

主な著書には『おとなの味』『夜中にジャムを煮る』『焼き餃子と名画座』(以上、新潮文庫)、『世の中で一番おいしいのはつまみ食いである』『忙しい日でも、おなかは空く。』『サンドウィッチは銀座で』(以上、文春文庫)、『韓国むかしの味』『なつかしいひと』(以上、新潮社)、『小鳥来る日』(毎日新聞社)などがある。

講談社+α文庫　ひとりで飲《の》む。ふたりで食《た》べる

平松洋子《ひらまつようこ》

2014年11月20日第1刷発行
2015年3月20日第3刷発行

発行者――鈴木 哲
発行所――株式会社 講談社
東京都文京区音羽2-12-21 〒112-8001
電話 出版部(03)5395-3529
販売部(03)5395-5817
業務部(03)5395-3615

写真――日置武晴
カバーデザイン――若山嘉代子
デザイン――鈴木成一デザイン室
カバー印刷――凸版印刷株式会社
印刷――凸版印刷株式会社
製本――株式会社国宝社

落丁本・乱丁本は購入書店名を明記のうえ、小社業務部あてにお送りください。
送料は小社負担にてお取り替えします。
なお、この本の内容についてのお問い合わせは
生活文化第二出版部あてにお願いいたします。
Printed in Japan ISBN978-4-06-281576-5
定価はカバーに表示してあります。

講談社+α文庫 ©生活情報

「泡洗顔」をやめるだけ！ 美肌への最短の道
吉川千明
肌質が悪いからと諦めないで！ 吉川流簡単スキンケアで、あなたの肌の悩みが解消します！
562円 C 164-1

ハッピープチマクロ 10日間でカラダを浄化する食事
西邨マユミ
歌手マドンナをはじめ、世界中のセレブが実践。カラダの内側から綺麗になる魔法の食事
562円 C 165-1

冷蔵庫を片づけると時間とお金が10倍になる！
島本美由紀
冷蔵庫を見直すだけで、家事が劇的にラクになり、食費・光熱費も大幅に節約できる！
590円 C 166-1

履くだけで全身美人になる！ ハイヒール・マジック
マダム由美子
ハイヒールがあなたに魔法をかける！ エレガンスを極める著者による美のレッスン
552円 C 167-1

生命保険の罠 保険の営業が自社の保険に入らない、これだけの理由
後田亨
元日本生命の営業マンが書く「生保の真実」。読めば確実にあなたの保険料が下がります！
648円 C 168-1

5秒でどんな書類も出てくる「机」術
壷阪龍哉
オフィス業務効率化のスペシャリスト秘伝の、仕事・時間効率が200％アップする整理術！
667円 C 169-1

クイズでワイン通 思わず人に話したくなる
葉山考太郎
今夜使える知識から意外と知らない雑学まで、気楽に学べるワイン本
648円 C 170-1

頭痛・肩こり・腰痛・うつが治る「枕革命」
山田朱織
身体の不調を防ぐ・治すための正しい枕の選び方から、自分で枕を作る方法まで紹介！
590円 C 171-1

実はすごい町医者の見つけ方 病院ランキングでは分からない
永田宏
役立つ病院はこの一冊でバッチリ分かる！ タウンページで見抜けるなど、驚きの知識満載
600円 C 172-1

極上の酒を生む土と人 大地を醸す
山同敦子
日本人の「心」を醸し、未来を切り拓く、新時代の美酒を追う、渾身のルポルタージュ
933円 C 173-1

＊印は書き下ろし・オリジナル作品

表示価格はすべて本体価格（税別）です。本体価格は変更することがあります

書下ろし

50過ぎたら見つけたい
人生の“落としどころ”

沖　幸子

祥伝社黄金文庫

プロローグ

春のまぶしい若葉、夏のぎらぎらとした太陽、秋の鮮やかな紅葉、冬の荒涼とした雪。

自然に色とりどりの四季の情景があるように、人の一生にもその年代まで生きてみないとわからない〝年相応の情景〟がきっとあるはずです。

歳を重ねるには、希望を持ちつつ時の流れや定めを感じ、それに従うことも必要かもしれません。

50代は、季節でいうと実り豊かな秋の気配の入り口に立っているような気がします。

若いころと違い、身体はもちろん気持ちにもいろいろな変化が起こり始めます。

みんなでワイワイガヤガヤ騒ぐことより、独り静かに本を読んだり好きな場所に身を置くことを好むようになったり、食事も好きなものを少量ずついろいろな種類を食べたくなったり、「何でもやってやろう」より、「これだけはしておきたい」と、人生の目的が絞られてきます。

やりたいことの範囲もかなり狭くなり、あれもこれもと焦る気持ちやはやる心は、風船がしぼむように少しずつ小さくなってきます。

ときには、このままいつでも誰にも知られず消えてもいい、いや、もうひと踏ん張りして頑張る、そんな気持ちが行ったり来たりします。

身体の異変や環境の変化があれば、「どうにでもなれ」と投げやりになったり、明るいニュースがあれば、「まだまだやれる」と若者のような元気な気持ちを取り戻したり。

人は50を過ぎれば、自分の力量もわかり、これから老いに向かう不安感とここまでやって来たという安定感が、身体の中で複雑に揺れ動くのです。

自分でも理解できない摩訶《まか》不思議な心のバランスを取りながら、これからの後半の人生をどう生きていくかを考えたりします。

人生の実りの秋を感じる今だからこそ、これまでよりは、少し歩調をゆるめながら、時の流れに身を任せ、今のこのときを大切にすることです。

〝一日は一生〟の気持ちで、明日のことを思い煩《わずら》うことなく、今のこの時間を意識し、日々の務めを果たし、小さな喜びを見つけ、充実させることができれば最高です。なんでもない毎日の暮らしを充実させ楽しめる人の明日には、きっと実り豊かな日々が待っていることでしょう。

こんな小さな〝人生の落としどころ〟は、少しだけ丁寧に足元を見つめればいくらでも見つかるような気がしませんか。

２０１４年４月

沖幸子

［もの・こころが楽しい］

2章 そこそこ・きれいに暮らす——「住まい」と「そうじ」の落としどころ

3章　のびのび・ゆるやかに考える
──「自分」と「人付き合い」の落としどころ

写真　　　　　　半田広徳
スタイリング　　沖幸子
カバーデザイン　五十嵐久美恵 (pond inc.)

1章　単純に、簡単に生きる

――「もの」と「時間」の落としどころ

毎日を雑然と生きても、ていねいに過ごしても、
かかる時間にはあまり差がありません。
雑に生きれば、ふと、こころが寂しくなることがあります。
暮らしをていねいに紡げば、
いつのまにか、こころが柔らかくほぐれてきます。
時間がないからと、たくさんのことを一度にやると、
あれもこれもと気が散ってしまい、
結局何もできなかったことになります。
限りある時間を思い、〝一日が一生〟の気持ちで、
ていねいに暮らすことはとても大切なことです。

老いと時間

歳を重ねながら、良寛《りょうかん》さんの「死ぬときは死ぬがよし」のような人生の覚悟の準備をすることは必要です。

たしかに、壮年期の30代、40代では徹夜も平気、仕事にも熱中でき、夜更けまで友人知人と飲んだり歌ったりできたのに、今は気力と体力がついていかない。飲みすぎ食べすぎも翌朝にこたえるようになる。それが50代からの心身の現実なのです。

さらに、これからは、仕事から離れ、人が去り、身体的衰えとともに、こころにも孤独感、悲愴感がどっと押し寄せてきます。

これらの老いの難題をどう乗り切るか。大きな課題でもあるでしょう。

物忘れを嘆くより、少しでも記憶にとどめる努力も必要です。

美しい窓辺は、住む人も、見る人も心がなごみます。

最近、物忘れが多くなったと思うようになったら。

5分間と決め、聞いた人名、数字、目に入ったものの名前を、口に出して声に出すことにします。

ある本で読んだこの方法は、左右の脳が活性化し、たしかに、モノを記憶するのに効果的です。

歳を重ねるごとに、なるべく聞いたことを確実に覚えておく努力は必要です。

「老いは衰えに向かうのではない。老いは成熟を深めていく」

ヘルマン・ヘッセの言葉をかみしめ、人生の成熟期に向かって、50代に気づかなければいけないことはいろいろあります。

周りの人への心配り、モノを大切に最後まで使い切る心得、そして自然と仲良くともに暮らす知恵など。

老いることは、〝できること、できないこと〟を知り、〝目に見えないもの〟や〝耳に聞こえないもの〟に心を傾けることができる年齢になるということでしょうか。

50代は、過去を懐かしく思うことはあっても、「あれもできた、これもうまくいった」など、若いときの自分と比べ、嘆き悲しむ必要はないのです。
今こそ、豊かな人生経験からくる広い包容力や理解力を駆使できるとき。
若者が真似できない、人生の成熟を深める貴重な時間の入り口に立っているのです。

わが家の玄関ホールは、いつも“おもてなし”の心を大切にしています。

待ち時間の使い方

「女は、いつも待つことばかり」

はるか昔、よく実家で母とお茶を飲みながら、親類のおばさんが口癖のように話していました。

当時は「何を待つのかな」と気にも留めなかったのですが、今考えると、結婚を待ち、夫の帰りを待ち、子供の誕生や進学、そして結婚、孫の誕生を待っていたのでしょうか。

当時40代前半の彼女は、50年以上経った今、少し耳が遠いものの、御年元気な95歳。長寿社会のモデルのような明るく健康的なおばあちゃんです。

15年前に夫を亡くしてからは、友達とお茶をしたり旅行に出かけたり、老人大学で油絵を習ったり、積極的に動き回っていました。

さすがにこの2、3年は、外出は週2回のデイサービスだけですが、何事にも積極的で好奇心の強い話好きの彼女は、新聞の時事解説をして高齢者仲間の人気者だそうです。

「待ってばかり」と愚痴りながら、そのおばさんの〝待ち時間〟は、大量の読書に費やされていたようで、婦人雑誌、小説、新聞を手当たり次第に読みあさっていました。そして、近所の友人知人とのお茶とおしゃべり。

今でも食卓の上には読みかけの本や新聞が山積みされています。

たまに会うと、今も耳が遠いことを除けば元気はつらつ、肌にも声にもハリがあります。

耳が遠いのでこちらの話を聞き取りにくいらしく、「エエッ?」と何回も言わなければ、20歳くらいは若く見えます。

彼女の生命力の源は、そんな若いころからの〝待ち時間〟の上手な使い方の積み重ねの効果かもしれません。

いただきものの
ポトスの枝を
水に挿して。

この鉢から
大きく生長した
“子供”の
ポトス。

散歩の途中で見つけた名も知らぬ野草。
自然を感じるひととき。

待つことを楽しむ

昔の女性に限らず、今でも、男女とも、人の一日には、待っている時間が探せばたくさんありそうです。

何事もめまぐるしく忙しい現代は、気に留めなければいつのまにか知らずに時が通り過ぎてしまいます。

若いときの無我夢中で過ぎた時代は取り戻せない、でもこれからの日々は時の刻みを感じながら楽しむことができたらと思います。

高齢になって〝イライラ老人〟にならないためにも、今から、どんな〝小さな待ち時間〟も大切にする生活習慣を身に付けたいもの。

新宿近くの代々木には、私鉄電車の〝開かずの魔の踏切〟があります。

たまに忘れて、「しまった！」と、その道を選んだことを後悔するほど、延々と何十分も電車が通り過ぎるのを待つことになります。

あるとき、踏切が開くのを待つ間、ふと、足元のコンクリートに目をやると、なんと、かわいいタンポポが咲いているではありませんか。

その隣には、ゴロゴロしたコンクリートの割れ目から、名も知れない雑草が顔を出しています。

こんな殺風景な緑少ない大都会の片隅でも、いろいろな雑草がたくましく生きているなんて。

なんだか、電車の通過をしょぼくれた心で待っている自分を、雑草が「さあ、元気を出して」と、励ましてくれているような気がしました。

さっそく、ネットで調べると、なんと、都会の雑草には多くの種類があり、しっかり名前もあるのです。

ちょっと視点を変え、周りに目を向けることで新しい発見がいろいろあり、うれしくなります。

今では、散歩の途中や信号の待ち時間に、足元や周りの雑草を無意識に探しています。

道行く人にも楽しんでもらいたいと、
外にも鉢植えの草花を。

木のカレンダーは、並べ替えれば年中使えます。
20年以上慣れ親しんだかわいい“スグレモノ”。

母や祖母の時代と違い、今の若い女性は、男性を待たせることはあっても、自分が何かを待つことには無頓着で不慣れかもしれません。

探せば今でも〝待っている時間〟はいっぱいあるはず。でも、スマホがお友達なら、夢中になって待っていることすら忘れているのかもしれませんが。

あちこちに置き去りにされている〝人生の待ち時間〟をどのように考え、うまく使うか。

歳を重ねるにつれ大切になってきます。

たまには、少しだけ長く見つめる

最近、ものを見つめるときは10秒以上見続けることにしています。

今まではなんとなくあわただしく無視しながら通り過ぎていたものでも、見つめる時間をほんの少し長くすることによって、気づくことがあります。

花瓶の中の花に目をとめ、ジッと少し長く見つめると、一本一本の花の様子が手に取るようにわかります。枯れそうな花は、根元の茎を切って古い葉を取り除いてやれば、花が元気を取り戻し長持ちします。

春の早朝、ふと鳥の声に誘われ、窓から庭の桜の木をじっと見ていれば、花びらの間を珍しい小鳥がせわしく行き来しています。桜の花や葉の揺れる様子を見つめていると、色とりどりの珍しい野鳥たちを発見することがあります。

こんなとき、しばし都会の喧騒《けんそう》を忘れ、珍しい野鳥観察を楽しめるこの瞬間に感激

この夏、ドイツで見つけた“いちご”のテーブルクロス用重り。

飲んだ後の
ワインのコルクは
森の家の暖炉の
“着火剤”に。
毎年晩秋に訪れる箱根のホテルの
“お智恵拝借”。

ときどき、火鉢で
心を暖めます。
炭は、お部屋の
空気もきれいに。

し、こころがワクワク躍《おど》ります。

夏の終わり、何気なくあたりを見つめると、高い空には雲もなく、吸い込まれそうな青空を発見します。

まだまだ暑さが残る晩夏から初秋への季節の移り変わりを全身で感じ、「もうそこまで秋が来ている！」と感動します。

いつもより少し、長く見つめることで、〝自分時間〟の大切さが自覚でき、今まで気がつかなかった人生の喜びや新しい発見があり、暮らしへの関心が高まるような気がします。

〝ひま〟をつくり出す

50代になると、勤め人は定年までのカウントダウンに入り、定年後の、朝から晩まで自由時間が広がる現実が視野に入ってきます。

専業主婦は子供も独立し、自分の時間もたっぷりできるようになります。

女性は40代からゆるやかに、やがて来る自分の自由時間に向かって準備万端という人が多いようですが、仕事一途のほとんどの男性は、こころの準備もできないうちに、ある日突然、強制的にジェットコースターから降ろされたような気分になるのです。

めまぐるしく忙しかった人に限って、突然目の前に現れた自由時間をどう扱ったらいいのか戸惑ってしまいます。

忙しさに翻弄《ほんろう》されている50代の今こそ、そのときのために、〝ひま〟を作り出すことに少し関心を持ちます。

部屋を移動するときの“マイバッグ”。読みかけの
文庫本、資料、パソコン充電器などを入れて。

外国生活の想い出の銀のスプーン。
ホームパーティーでは、食後のコーヒースプーンとして
大活躍します。

仕事や家族の世話から離れ、自分の時間が持てるようになったとき、さて、何をするか。あるいはしたいか。

今から〝ひま〟を意識的に作り、将来やりたいことを少しかじってみるのもいいかもしれません。


知人の商社マンA氏は、現役時代から月に一度、〝ひま〟を作って外国人に日本語や生活習慣を教えています。数年後のハッピー・リタイアメントに備え、少しずつ回数を増やしていくそうです。

「難しい資格試験もなく、これまでの仕事と人生の経験があれば十分」とA氏。それに、少しの人類愛があればね、と彼は笑っています。

月一度、A氏の自宅で行なわれるホームパーティーに招かれたことがありますが、数人の外国からの留学生や社会人たちがそれぞれのお国料理を作ったり、持参したりの和気あいあいの中、片言の日本語が飛び交う、にぎやかな面白い集まりでした。

A氏の歌う音程が外れた（！）童謡を聴いていると、彼の定年後の自由時間は〝元気はつらつ〟の栄養ドリンクのように、エネルギーに満ち、楽しく充実した時になるような予感がしました。

なかなかやりたいことが見つからないなら、ときどき〝ひま〟を作って、やりたいことを思いつくまま書き出してみませんか。

俳句をやりたい。テニスを再開したい。水彩画を始めたい。ピアノを習いたい。思いつく限り、どんどん書いていくと、自分のやりたいこと、考えていたことが可視化されます。

自筆のやりたいことを見つめながら、60代、70代からの将来の自分の姿を夢見、空想に浸ることもいいものです。

このやりたいことを書き出す〝ひま〟もあれこれ夢が膨らんで楽しいひとときです。

こんな〝ひま〟な時間も、人生で最高に貴重な自分の〝隠れた資産〟です。

わが家のドイツ風 X’mas タイム。
リースは、身近なものを使った手づくり。

オランダで買ったかわいいアヒルに、森の家の近くの雑貨屋さんで
見つけた寒暖計を組み合わせて。

限りある「時間」は、自分で管理する

この歳になって、時間の大切さが身に染みてわかることがあります。

たまに「若さにかまけて毎日をいかに無頓着に生きてきたことか」と後悔もしますが、何事も遅いということはなく、むしろ経験を生かし、これからの時間をいかに色濃く生きるかに知恵を絞りたい、と思い直します。


自分の時間は、自分で管理することです。

50代からは〝時間をどのように使うか〟を考える習慣が、とても大切です。

歳を重ねるにつれ、自分の持ち時間を意識し上手にやりくりすることは、これからの毎日を充実したものにするために必要です。


その日のうちで大切なことは、一番先に片付けることにしています。

しなければいけないこと、たとえば洋服のほころびや取れたボタンの修理など、時間があればその場ですぐ対応しますが、できなければ2日以内と決めます。
靴底の修理は、出かけたときにうまく修理店に寄れるように時間を調整します。

築18年の我が家は、外壁を塗るなどの定期的なメンテに加え、ときどきあちこちのハプニングなメンテが必要です。

寒い朝は下水道が凍って水があふれることがありますが、こんなときは、すぐに熱湯やゴム手動ポンプを使い、何よりも最優先で直します。

エアコンや電化製品なども、調子が悪ければすぐ専門家にみてもらうようにします。

家のメンテは先延ばしにせず、特に水回りの故障は、自分でやれる場合は最優先事項に、プロの手を借りなければいけない場合は、すぐ連絡し、なるべく早めに対応してもらいます。

いつも家をきれいに保つために、汚れを見つけたらすぐ処理する習慣は大切です。たとえ部屋全部をきれいにできなくても、その汚れた場所はきれいになったことで満足します。一度にすべてきれいにしようとすれば身体も心も疲れますから。

床をいつもきれいに保つコツ。
余分なものがなければ、掃いたり、拭いたりがカンタン。

これも、あれもと考える前に、一つずつ確実に片付けるようにします。

すべての家事行動は、1週間単位で予定を立てることにしていますが、もし翌週にずれ込んでも気にしません。

日々のちょっとした何気ないことに関心を持ち、〝今〟を大切に生きることに気持ちを注ぎます。

先に延ばさない習慣づくり

時間は待ってくれません。

50代はこの自覚が大切です。誰でも嫌なもの、面倒なものは先に延ばすクセを持っているものです。

「今すぐやった方がいい」とわかっているけど、なんとなく「明日があるから」と先送りしてしまいます。

先に延ばすクセは、できるだけ直す努力も必要です。

たとえば、部屋の掃除。

掃除が嫌いで「そのうちに」と部屋の汚れに目をそむけているうちに、いつのまにか部屋中にホコリの山が。いつかやろうと先に延ばしているうちに、結局は大掃除以上の大変な作業になってしまいます。

家事はもちろん、部屋の掃除にも完璧はありません。

インテリアは、音楽のように、物語のように。
ピアノとフルートを奏でる人形はそれぞれ別の人からいただいたもの。

日用品や衣類入れには
化粧石鹸《せっけん》を入れて。

ドイツのかわいいインテリアにもなるホウキ。
気がついたときのホコリ払いにも便利。

一日にやるのは、畳1枚、ガラス1枚でもいいのです。

時間を決めた部分掃除を積み重ねることで、部屋をいつもきれいに保てますし、汚れもひどくならず、身体もラクです。

大切なのは、けして、家中を全部きれいに完璧にやろうと思わないこと。

初めからやる気がなくなります。


私は、やらなければいけないことをやりたくないとき。

おまじないを大声で唱えます。

「よし、やるぞ、できる！」

もちろん、あたりに誰もいないことを確かめて。

これだけで気持ちがかなり前向きになり、やる気が起こってきます。

そして、「ベストを尽くすけど、完全はあり得ない」と自分に言い聞かせます。

身の回りにかかる時間

あるときふと私は、テーブルを拭いたり、顔を洗ったりする生活行動にどれだけの時間がかかるか、あらためて知りたくなりました。

さっそくキッチンタイマーを使い、ふだん行なっているわが生活動作に、どれくらいの時間がかかるのか測ってみることにしたのです。

玄関の靴をそろえるのに10秒、洋服をハンガーにかける時間は40秒、食卓を拭くのは、なんと20秒。お湯が沸いたあとのケトルをさっと拭く時間は10秒以内。

このように毎日の生活行動にかかる時間は、ほとんど秒単位。その積み重ねで生活が成り立っているのです。

こんなに時間がかからないのなら、洋服を脱いだらホコリを払ってすぐハンガーにかけておきたくなります。あとでわざわざ手入れをする手間も要らず、部屋はいつも

朝食を楽しんだり、書きものをしたり、
親しい友人とお茶を飲んだり。
大好きなキッチン横の“マイ・コーナー”。

ドイツ人の友人からのバースデイプレゼントの鉢カバー。
バスタイムの小物を入れて。

きちんと片付きますし、必要なときにすぐ取り出せます。

〝ものの住所〟を決め、使った道具は必ず元の場所に戻すのに、ほとんどが1分以内、時間はかかりません。

この秒単位の生活行動を知ることで、やる気が起こり、時間の使い方がうまくなり、探し物にかける時間や手入れに要する時間が少なくなって心のイライラがなくなり、それが快適な生活につながることを再認識したのです。

時間を大切に、〝ながら家事〟のポイント

限りある時間を上手に使える〝ながら家事〟の長年の愛好者ですが、せいぜい、2か所同時進行くらいが、身体もラクで丁寧にやれます。

お湯を沸かしながら、キッチンの床を拭いたり、使った後のレンジ台回りは余熱が残っているうちにきれいに拭いてしまいます。

冷蔵庫を開けたついでに、きれいなタオルで中と外側を拭きながら、食材の在庫状態をチェックし、出かけたついでの買い物の参考にします。

また、食材の残り物で作るメニューが頭に浮かぶこともあります。

書きものをするときは、必ず、ふだんできない煮物料理を作ります。

キッチンのそばの小さなテーブルでパソコンをたたきながら、筑前煮や肉じゃがを作ります。ときどき、鍋の中身を確認しながら動くので少しは運動不足の解消になる

洗面台は使ったらすぐ水滴を拭く。こうすればいつもきれい。

旬のとれたて野菜が
大好き。
水彩画のパレットのように、
赤、緑、オレンジ、白など
食べる色に気を配ります。

食卓に果物は欠かしません。
キッチンが明るくなる
“見せるインテリア”にも。

かなと自己満足しています。

肉じゃがは、人参や玉ねぎを大きめにザクザク切って、肉としょうがを入れて炒《いた》めた鍋をコトコト煮るだけ。〝ながら〟なら、改めて調理時間を取らなくても食卓が豊かになるので、考えただけでこころが楽しく、料理をしながらの仕事もはかどるようです。

朝、昨日はいた靴を簡単に磨《みが》いて収納しながら、玄関の履物をそろえたり、掃いたりします。ついでに玄関のドアを開放し、部屋のよどんだ空気を入れ替えてしまいます。

時間を大切にするこれらの〝ながら家事〟は、工夫次第では、まだまだ暮らしの何気ないところに転がっています。

さあ、今から、自分なりの〝ながら家事〟を見つけ、それらを習慣にし、楽しんでみませんか。

朝時間の達人になる

私は、朝6時台のラジオを聴きながら、窓を開けたり、ベッドを整えたり、朝ご飯の準備をしたりと〝朝家事〟をいろいろとやるのですが、その時間帯、ラジオから流れる声の便りは、ほとんどが50代以上のリスナーからです。

「4時に起きてドライブをして、これから朝ご飯を食べます」とか「5時に犬の散歩から帰りました」、「朝焼けがきれいです」などなど。

聴いていると〝4時台や5時台に起きて行動開始〟の人がほとんどです。

なるほど、歳を重ねると早寝早起きで一日のはじまりが早くなるのか、と自分のことのように納得してしまいます。

そういえば、60代の友人のご主人は、夜9時には〝寝るタイム〟だといいます。

〝早起きは三文の徳〟という言葉があります。

今の世の中、早朝の道端で大金を拾ったり、予期せぬ幸運に出会うことは少ないで

来客用の長椅子の
手作りクッション。
愛犬ドンキーとの
思い出の品。

手作りクッションを抱いて、
ひなたぼっこをする
在りし日のドンキー。

独りになれるお気に入りコーナー。
ドンキーの“いたずら”で傷だらけの椅子にも
大切に手を加えて。

しょうが、一日のはじまりが早いほど時間を有効に利用でき、いろいろな家事が片付き、こころにも身体にも健康的な感じがしませんか。

まだ体力気力のある50代は〝朝時間活用〟の習慣を身につけるチャンス。

老いてから、「さあこれから」と思ったときはすでに遅いもの。時間ができ、暇になってからでは、新しい生活習慣を取り入れようとしても、身も心もつらく、かえって疲れてしまいます。

今は時間がなく、毎日の仕事や雑事に追われているかもしれません。でも、忙しい今のうちに朝時間の有効利用を身につけ習慣化しておけば、いざというとき、こころも身体も無理なくラクにスムーズに物事が片付いていくことは確実です。

若いときから「朝が苦手！」と思い込んでいる人は、まず、早起きを習慣にする努力をしてみることです。

なにも難しいことではありません。

若者に大人気の雑貨屋で、３００円の安くてかわいい目覚まし時計を買い、毎朝、いつもより30分早い時間に起きるようにします。この繰り返しで、自然に目が覚めるようになります。

寒い冬は、エアコンのタイマーを使い、起きる1時間前から部屋を暖めておけば、目覚めがスムーズです。

朝の太陽の光は、〝自然の目覚まし時計〟です。

夜寝る前に少しカーテンを開けておけば、体が朝の自然の光を感じ、体内時計が目覚めのホルモンの分泌を促し、目が覚めやすくなります。

そして、起きる前、布団の中で両手両足をおもいきり伸ばすと、眠気もどこかに飛んでいきます。

はじめはつらくても、日々、朝の気持ちよさを感じることが、習慣化の助けになります。

かつてのドンキーと私。
“ペットロス”の深い悲しみも、少しずつ時間とともに……。

朝の1分家事

家事の初心者もベテランも、〝50代からの朝家事〟を始めてみませんか。

私は、40歳ごろから少しずつ、短時間の朝家事をやるようになりました。

今はすっかり朝家事が身に付いていて、以前に比べると朝も1時間くらい早起きになりましたが（歳のせい？）、朝家事の中身は変わらないので、その分ゆとりが出てきました。

この時間を使って、仕事が忙しくても散歩をしたり、新聞を読んだり、調べ物をしたりできるので、40代、50代に身に付けた朝家事の習慣のありがたさを身に染みて感じています。

朝家事は、1分から始めるのがお勧めです。

起きたら、まず窓を開け、新鮮な空気を部屋に取り込みます。

部屋中のよどんだ空気を追い払い、大きく太陽に向かって深呼吸をしながら背伸びをします。身体が目覚め、「今日一日頑張る!」モードになります。

これも立派な〝1分朝家事〟。


1分でできることは、他にもたくさんあります。

布団をたたんだり、ベッドの周りを片付けながらシーツのシワを伸ばしたり。

気が向けば、ラジオ体操を聴きながら、リズミカルに床のゴミを拾い、着替えをしながら身体を動かすのもいいでしょう。

短時間でできる朝家事は、毎日の朝の活動場所ならどこにでも見つけることができます。

〝朝の1分家事〟を探す日々も、また楽しからずや、です。

暮らすように旅をする

十数年前、官民あげての外国でのシニア向けロングステイが話題になり、定年後の人生を外国で暮らすスタイルに憧《あこが》れた夫婦も多かったようです。

現役時代に長年過ごしたなじみの土地ならいざ知らず、高齢者になって初めての外国暮らしは、かなりの努力とエネルギーが要りそうです。

60代ですべてを退いて今は悠々自適生活のBさんご夫婦は、「やっぱり、日本がいい」とバリ島から3週間で帰国しました。

現役時代6年間も住んだ土地ですが、Bさんの場合、「やはり若いときと違って外国暮らしは疲れる」らしいのです。

一方で、初めての外国生活をおもいきりエンジョイしている70代のCさんご夫婦もいますし、これまでの人生の過ごし方によって外国暮らしへの見方、考え方も違ってくるようです。

かつてのBさんの若い肉体と精神が見た30年前のバリ島のイメージが強烈すぎ、年輪を重ねた今のBさんの見た現実とのギャップがありすぎるのかもしれません。

外国暮らしが初めてのCさん夫婦は、見るもの聞くものが新鮮で、まるで青春時代にもう一度戻ったように若返った気持ちなのでしょうか。

仕事を離れたら、のんびりと海外で過ごしたい。

50代からずっと描いているわが老後のライフスタイルですが、冬の寒い季節だけ、1か月くらい、青い海を眺めて真夏の太陽を浴びて暮らす、〝セミ・ロングステイ〟が理想です。

将来の夢の実現とリハーサルを兼ね、最近の冬の短い休暇は、南の島の一か所に滞在し、〝暮らすように旅する〟のを心がけています。

減らすことはむずかしい！　けれど……

知り合いの医学博士に言わせると、日本人は〝栄養過多〟だそうです。

日本人の身体は、少ない脂肪でも数日間飢えをしのげるので、過食よりは粗食に向いているそうです。

しかし、今の飽食の世の中、凡人にとっていきなり粗食に切り替えるのはかなりの気力と努力が必要かもしれません。

中華やフレンチに親しんだ食卓を、いきなり玄米と味噌汁に減速シフトするのはむずかしそう。

そこで、一日おきに白米に玄米を混ぜたり、少しずつできることから試してみるのもいいかもしれません。

これは、医学博士の彼とイタリアンレストランで肉料理を食べ、ワインを飲みながらの話なので、現実には〝言うは易し、行なうは難し〟、その道のりは険しそうです。

栄養同様、ものも〝所有過多〟で部屋中にあふれています。

人は多くのものに囲まれれば、それらにこころを奪われ、こころは、ものの奴隷になり、翻弄され、疲れてしまいます。

とはいっても、現実の家には1万個以上のものがあふれ、外に出れば「お買い得ですよ」と消費の誘惑が手招きします。


どうしたらものを減らすことができるのでしょう。

悩める皆さんからの質問が押し寄せます。

ほんとうにどうすればいいのでしょうか。

もの減らしの悩みは尽きません。

私は、難しいだろうなと思いつつ、希望も添えて丁寧に答えます。

「1枚買ったら、2枚手放しましょう」

「買うときはよく考えて」

「どう使うか、どこに置くか」

「同じものをすでに持っていないか」

「どれを手放すか」

「ものを手に入れるときの覚悟ができない人は、家じゅうにものがあふれることになります」

「あとはあなたの気力しだいです」


いったん手に入れたものは減らせないのが人間のサガなのです。

本人が自覚するかしないかで、ものを完全には減らせないものの、増え方は少ないような気がします。


歳を重ねれば重ねるほど、ものを使う回数の限度はわかってきます。

何枚もあるウールやカシミヤのコートを前に、「あと何回着るかな?」と思い悩む人も多いはずです。特にシーズン物で一年を通じて使えないようなアイテムは、いくら頑張って着てもあと数回しかないものもあります。

これからは、新しいものを買う前に、今あるものを大切にする方法を、あれこれ考えるのもいいかもしれません。


最近はお直し専門の店も増えましたので、シーズンが終わり、袖口《そでぐち》が擦り切れそうなカシミヤのコートなどは、少し袖口を詰めてもらえば袖口が若返ります。

流行に合わせて丈を短くしたり、ボタンを変えたりすれば古いものがよみがえり気分も新しくなります。

着物など素材が良ければ、ワンピースや小物など他のものに〝リ・ユース〟。コストがかかりますが、「ものを大切にしている」気持ちになれます。


独立した子供の昔の絵やおもちゃを捨てられずに困っている知人もいます。特に思い出がいっぱい詰まった写真や絵などの処理は、本人の決断がないとできません。ものというより思い出との決別なのですから。

「どうしたら?」とアドバイスを求められたので、「おもちゃはまとめて将来の孫へのプレゼントにしてみる」か、「バザーや寄付に出す」という方法を紹介したり、子供が描いた絵は、「何点か選んで額に入れて飾ってみたら」と答えました。

さて、減らすアイデアはあれこれ浮かぶものの、〝できるかできないか〟はあなた次第です。

今風、清貧のこころ

海外から1週間ぶりに帰国し、いつものように使おうとしたら、食洗機がウンともスンともいわない。

留守中しばらく使わなかったので〝エンスト〟を起こしたのでしょうか。

さっそく修理を頼んだところ、やってきた若い男性が「ええっ！　18年以上も使っているんですか」と驚きの声をあげました。

家を建てて18年、家具も建具も電化製品も設備も、家中それなりに丁寧に手入れをして暮らしてきました。

「できるだけ修理をして使いたい」と話すと、「今はもう部品がないのでむり」。新しいものと取り換えるしか方法はありません、と簡単に言われてしまったのです。

私が夏を過ごす森の家では、すべての食器はそのつど手洗いするのですが、東京の家は来客が多く忙しいので、食洗機はなくてはならない存在です。

家も18年以上になると、人同様、あちこちガタガタ故障だらけになります。

去年は寝室と書斎の天井のエアコンが故障し、やはり、「よく持ちましたね。奇跡ですよ」と修理屋さんに言われ、新しいものと交換せざるをえませんでした。

知り合いの大手電機メーカーのOB技術者のDさんによると「製品の寿命をあらかじめ設定して設計するので、最近の家庭用の電化製品などは、だいたい10年以内に壊れるように作ってある」と。

「ええっ！」

だから、「18年も寿命が持ったのが奇跡」なのですね。

たしかに、素晴らしい技術の進歩によって中身も外見も新しくなった車や電化製品は、人を興奮させ楽しませてくれます。

でも、新しいものを求めるあまり、〝使い捨てスタイル〟が当たり前になり、ものを大切にする精神がなくなるというデメリットもあります。

60年前、テレビ、冷蔵庫、洗濯機を〝三種の神器〟と謳《うた》いあがめ、日本人には夢のような生活が始まりました。

当時、「一生に一度のお買い物です」と言われ、テレビを買った人の家には今、何代目のテレビが置いてあるのでしょうか。

「一生に一度」どころか、一生に何度も買い換えるようになった電化製品や道具たち。

昔から日本人の持つ美徳、つまり〝ものを大切にし、最後まで使い切る〟。

その前に、製品の寿命が尽き、同時にその〝こころ〟も捨てられてしまったようです。

やがて、大量消費時代に惑わされ買った道具やものが家中にあふれるようになって初めて気づくのが、〝ものに振り回されるのはごめん、これ以上要らない〟という気持ち。

水道、ガス、電気や道路などの生活インフラが充実し、家には電化製品もガラクタもあふれています。

今あるものをいかに減らし、必要なものを少なく、どう最後まで使い切るか。

大切なのは、ものを大切にするこころです。

毎日の暮らしを簡単に簡素にし、お金や資源を少しずつ知恵を働かせ、考えて使うことにすればどうでしょう。

そうなれば、企業も製品寿命を延ばしたり、修理用の部品の開発に力を注ぐようになるかもしれません。

アルパカのコートを買う、買わない？

ある寒い日のこと、クローゼットのコートを取り出そうとして、ため息が出てしまいました。

数十年使い古したカシミヤやウール素材のコートばかりがまるで古着屋さんのように並んでいます。

コートのようなシーズン物の衣類は、あと何回着るチャンスがあるでしょうか。処分して新しいものを買うには、もったいない気持ちが先行し、なかなか決心がつかず、この数年は、古いコートを順番に着るようにしていました。

コートの長さや形にも少しずつ流行があるようで、今年は少し短めで身体にピタッとしたデザインが流行《はや》っています。

古い長めのだぶついたコートを着た自分が流行遅れの〝もっさり老おばさん！〟に思え、手持ちのコートのどれを着てもなんだか落ち着かないのです。

歳を重ねるからこそ、少し流行を取り入れたおしゃれもしたいと思うのに、いくら上等でも、カビ臭い古い思い出がいっぱい詰まったコートばかり着ていると、気持ちまで、まるで鉛を背負ったように重苦しくなります。

そんなとき、デパートのセレクトショップで一点物のアルパカのショートコートを見つけてしまったのです。

着てみると、裾《すそ》のところが膝《ひざ》のあたりで曲線を描いたように丸く重なり、袖も肩から袖口に向かって細くなって、とにかく恰好《かっこう》いい！　のです。

あまりの着心地の良さと軽さに、尋ねると、アルパカでも上等のスリの毛を100%使っているといいます。

軽くて暖かいコートは、歳を取るほど必要になります。なるほど確かに体がラク。色も、ダークグレーに白と紫を混ぜたような明るいチャコールグレイ。探そうとしてもなかなか出会えない色とデザインです。

そういえば、晩年の母が好んで着ていたコートの色に似ています。

ニューヨークの70代の現役女性デザイナーの作品というのも気に入りました。

気になる値段は、なんと、「今日から半額になりましたッ！」と若い店員さん。

このアルパカのコートを手に入れた場合のプラス面だけをあれこれ考えながら、まず今日の用事を済ませることにして、4時間後、再度お店を覗《のぞ》くことにしました。

「コートが売れずに待っていたら、もう一度着て、気持ちも身体もぴったりくれば買う！」と決めていたのです。

そして。

手に入れたアルパカのコートのおかげで、あれほどこだわっていた古いコートを3着も「エイヤッ！」とあっさり処分でき、古い衣類ばかりでよどんでいたクローゼットの中が、気のせいか、まるでそよ風が流れ込んだように澄んだいい香りがするではありませんか。

〝古ダンス、アルパカ飛び込む、春の香〟

軽いアルパカのコートを着るたび、気持ちまでワクワク、30年も若返ったような気分です。

たまには、こんな買い物もこころに若さを与えてくれることを発見しました。

おしゃれ上手

おしゃれの上手な人は、お金持ちだとは限りません。

他人が見て「センスがある方ねえ」と思う人は、たいてい、自分の持ち物の数を、自分で管理できる範囲にとどめています。

たくさんのお金があって、欲しいものはなんでも買えるはずなのに、どことなく垢《あか》抜けず、「お金持ちなのに、品がないなあ」とかえって残念に思う人も多いものです。

値札に関係なく、欲しいものが何でも手に入れば、そのときの気分で同じものを買ってしまい、「何が自分に合うのか」わからなくなるのかもしれません。

いつも派手な、舞台衣装のような服装をしている知り合いのA子さん。

そろそろ50代も終わりの熟女が身につけるのは、いつも目が飛び出そうな高級ブランド品。

でも、「エルメス」とか「シャネル」などのブランド名を言われて初めて「へえ、そうなの」と気がつきます。どう見ても大枚はたいたブランド品には見えないのですから。

クローゼットを見せてもらったことがありますが、20畳の広さ（！）には、ブランド物のコートからワンピース、ブラウス、セーター、そして靴やバッグまで、彼女ひとり分の衣装がぎゅうぎゅうに詰め込まれ、洋服たちがまるで悲鳴をあげているかのようにぶら下がっていました。

アメリカのテレビドラマ、「SEX and the CITY」の女主人公のクローゼットのようです。観るのは楽しいけれど、現実は管理しきれず、頭が混乱しそうな大量の洋服。

「テレビの〝お宅拝見！〟で紹介されたこともある」そうです。

中には値札がついたままのものもあり、つい「どんなものがあるか忘れているのでは？」、「全部着るのに数十年かかるのでは？」、「管理が大変！」など余計な心配をしてしまいましたが。

限られた予算の範囲で、なんどもお店のウインドウを往復し、試着を重ね、自分の好みや収納場所、財布の中身とあれこれ相談しながらたった一つの洋服を選ぶことも、おしゃれの楽しみです。

この楽しみを知っている人は、シックで素敵な大人のセンスも磨かれ、外出時の洋服選びも日ごろの手入れも、時間や体力がかからずラクな気がします。

どんなにいいものでも、多すぎるとかえってその良さを見失うことが多いもの。

一点豪華主義でも、選び抜かれたいいものは、自分のこころも、他人のこころも豊かにしてくれます。暮らしの中では〝おしゃれ上手〟であることと〝衣類の数〟は、正比例しないのかもしれません。

手入れは自分で

できるだけ自分の衣類は、機械やプロに任せず、自分で手入れをすることにしています。いつも小ざっぱりしたものを身につけるためには、自分でできる簡単な日々の手入れは欠かせません。

コートは、家に帰ったら、玄関でさっとホコリを払い、脱いだらすぐ、ブラシをかけておきます。たたいてホコリを浮かせながらブラッシングをします。

シワを見つけたら、軽く濡れたタオルで拭きます。

あとは、風通しの良いところで、ハンガーにかけ、まる一日乾かします。

気に入って何年も愛用している暖かいセーター。

アクリルとウールの混紡なので、気がつけば、身ごろや袖口に毛玉がびっしり付いています。袖のひじ側、腰回りが特に目立ちます。

もちろん、手で洗うときも洗濯機を使うときも裏側にしてネットに入れるのですが、気に入って何度も着るのでどうしても毛玉ができてしまうのです。

こんなときは、古歯ブラシや軽石でこするときれいに取れます。


カシミヤやウールのセーターは3回着れば、手洗いし、休ませます。

気に入ったセーターだから、いつまでもきれいに長生きしてほしいから。


シャツやブラウスの襟《えり》の汚れは、なかなか落ちにくいもの。

汚れの成分は身体から出る脂や汗ですから、シャンプーを使います。

汚れの気になるところにシャンプーをたらし、古歯ブラシで伸ばしながら、やさしく泡立てて汚れを取ります。


この数年、毎冬、南のビーチへ出かけますが、ホテルに滞在すると面倒なのが下着や水着の洗濯です。そこで考えたのが、入浴のついでに下着を洗ってしまうこと。こうしてしまえば、とてもラクです。

水着はシャワーを浴びながら、ボディシャンプーで洗ってしまいます。

この習慣は、東京での生活にも応用できて便利です。

特に毎日取り換える下着は、ためておくと汚れも取れにくくなり、うんざりします。

そこで、毎日の入浴のついでに固形石鹸で手洗いしてしまいます。

お風呂のお湯を使えば、汚れも落ちやすいし、あとは簡単に絞って干します。

高齢者の独り暮らしには欠かせない、いつも清潔に暮らすためのラクラク生活術です。


古くなっても捨てられないお気に入りの洋服、ファスナー部分が滑りにくくなって、着るときに一苦労です。

滑りが悪くなったファスナーにろうそくをこすりつけると、みるみる滑りやすくなって、洋服の着替えがスムーズになりました。

コートやブレザーは着終わったら、すぐハンガーにかけ、ブラシをかけ、風を通してからクローゼットにしまいます。こうすれば布を傷めず、いつも清潔で長持ちします。

脱いだ靴は、ひと晩そのまま玄関に置いてから、翌日他の靴を出すときに布で拭いてシュークローゼットにしまいます。

こうすれば、本格的な靴磨きは月に一度くらいで済みます。

洋服も靴も2日続けて着用すると、傷みやすくなります。

靴も服も一日使うと汗とホコリでいっぱいです。

最低でも一日は休息時間を与えます。

最近は、フェイクの毛皮が軽くて洗えるので、手入れが簡単で重宝します。

かつて暮らしたマイナス10度の寒い国では、暖かい毛皮のコートが必需品で、おしゃれなものがそろっていました。

北ドイツで、必要に迫られて買った毛皮のコートを数枚持っていますが、日本ではあまり着る機会がないままクローゼットで眠っています。

毛皮たちにときどき風を当てる意味で、寒い冬の夜の外出に着用します。帰ったら、玄関で毛皮を振ってホコリをよく落とし、ひと晩ハンガーにかけて湿気を取ったあと、手でよく撫《な》でて毛並みの乱れを直してからしまいます。

お天気の良い冬の日に、陰干しをすることもあります。

この程度の手入れを心がけるだけで、20年以上まだまだ健在です。

手アイロン

若い女性向けの結婚情報雑誌の編集者から「アイロンをできるだけかけなくてすむいい方法はありませんか」と尋ねられました。

昔も今も、老いも若きも主婦にとって嫌いな家事の2番手は〝アイロンかけ〟。もちろん一番は〝掃除〟です。この順位は何十年もたった今も変わらないようです。

洗濯機が汚れた衣類を洗ってくれ、乾燥機が干す手間を省いてくれますが、見栄えの悪いシワまでは取ってくれないのです。

自分の手でやらなければいけない〝アイロンかけ〟は、時間も体力もかかり面倒なのかもしれません。

そこで、できるだけアイロンを使わなくて済む方法はありませんか、というわけです。

掃除ならいざ知らず、洗濯やアイロンかけの専門家ではありませんが、日ごろ私がアイロン要らずの〝楽々生活〟のためにやっていることをお話ししましょう。

アイロン要らずの知恵は、情報誌の読者のような若い新婚さんだけではなく、高齢者の衣類の手入れにも自分で簡単にできるので大いに役立ちます。

アイロンを使わずに済ませるためには、まず干すときがポイント。

さらに干すときも乾いたときも〝手アイロン〟を使うと、アイロンかけの手間が省け、身体もラクです。

自分の手の〝ぬくもり〟や〝力〟を使ってシワを伸ばす〝手アイロン〟は、昔からの日本人の優れた暮らしの知恵です。

ブラウスやシャツなどは、干すときに縫い目を手でしごきながら〝手アイロン〟で引っ張ってシワを伸ばします。さらに全体のシワは、両手のひらでパンパンとたたいて伸ばします。

ハンカチなどの軽いものは、まとめて手洗いし、手で軽く絞って二つ折りし、両手で引っ張ってからハンガーや物干し竿にかけて干します。

こうすれば、水分の重さで、両端が引っ張られ、シワなくきれいに乾きます。

洗って軽く絞ったハンカチをきれいな窓ガラスに張り付けて乾かす方法もアイロン要らず。

乾いた後、たたみながら手で伸ばす〝手アイロン〟を使えば完璧です。

お風呂場の窓ガラスにハンカチ！

なんとなく昭和の初めの、簡素で清貧なこころを想像します。これは、昔から伝えられてきた日本人のおばあちゃんの知恵です。

ワイシャツは、洗い終わったら全体のシワを手で引っ張って伸ばします。

カフス、前立て、襟の縫い目などを中心に伸ばします。

ボタンを留め、洗濯ばさみで逆さまに吊るし、形を整えながら手で下に引っ張って干します。水を含んだワイシャツの重さで襟や袖が下向きに伸びるように垂れ下がるのでシワになりません。

乾いた後、手で撫でるように〝手アイロン〟をかけます。

シーツは、シワをしっかり伸ばして、二つ折りにして干します。乾いたら、さらに四つ折りにし、手のひらで撫でるようにシワを伸ばします。

「手アイロン？　知らなかったです」。なんだか得をした気分になりました、と30代の編集者。

老いも若きも世代を超えて知っておくと便利な〝日本人の暮らしの成熟した知恵〟です。

シミの落としどころ

衣類のシミの〝落としどころ〟を知ることは、老年からの人生の〝落としどころ〟を知るのに似ています。

経験による知恵とちょっとした手間で、上手に対応できるかどうかが違ってくるのですから。

歳を重ねることで、人生に絶えず押し寄せてくる日々の暮らしのさざ波や荒波を上手に乗り切ることができるようになりたい。

50代はそのための助走に入る「入り口」です。

日々のさざ波と同じように、衣類のシミも経験と知識があれば、あわてず退治できます。

昔のおばあちゃんは、「シミを〝シミの元〟に戻しなさい」と言いました。

シミの元が〝水なら水で、油なら油で〟というわけ。

シミには大きく分けて、「水溶性」、「油性」、「不溶性」の三つの種類があります。

つまり、油性のものなら、油性のベンジン、水溶性のシミなら水でシミを抜くという昔からのシミ抜きの知恵なのです。

シミ抜きのちょっとした知恵は、衣類を長持ちさせ、清潔で快適な暮らしを送るために大切なことです。

◆コーヒー&紅茶

食事のあと、おいしいデザートをいただきながら飲むコーヒーや紅茶。

紅茶党だったのですが、最近食事の内容によってはコーヒーを選ぶこともあります。どちらもシミには手ごわい相手です。

なぜなら、紅茶もコーヒーも染色の材料に使うほど、繊維を染める力が強いもの。放っておくと取れなくなることもあるからです。

すぐなら水で取れますが、無糖の炭酸水を柔らかい布にたっぷり含ませ、たたくように拭き取れば完璧です。

◆お醬油

新鮮なお刺身をいただくのに夢中になって、白いパンツにお醬油をこぼしてあわてることがありませんか。

そんなときは、日本酒を使います。

シミのついた布の裏に、乾いた白いハンドタオルを折って置き、たっぷりと冷酒をしみ込ませた布でお醬油が付いた部分を軽くトントン押さえるようにたたきます。下のタオルにお醬油を移す要領です。ハンドタオルのきれいな面を使い、何度も同じ動作を繰り返します。

こすらないことがきれいに取るコツです。

外出先ですぐには処理できない場合、とりあえずおしぼりに水を含ませ、たたいてシミを薄くし、帰宅後ゆっくり処理します。

◆牛乳

あわてて飲んで、シャツやブラウスにこぼしてしまったら、お湯でなく水で絞ったタオルでたたくように拭きます。

動物性たんぱく質を含んだ牛乳や卵は、お湯を使うと熱でたんぱく質の成分が固まり落とすのが面倒になってしまいます。

なるべく早めに、必ず水を使うことが原則です。

◆口紅

久しぶりに出会った友人たちとうれしさのあまりハグしてしまい、気がつくと肩のあたりに彼女たちの口紅がついているではありませんか。

こんなふうに、大事な衣類やワイシャツの襟や肩にいつのまにか他人の口紅がつくことがあります。

口紅は水を使うとかえって汚く広がります。

帰宅してすぐ、冷蔵庫にあるバターを常温に戻してから、汚れた部分に少量つけ、手で軽くもみます。口紅の油分が溶け、少し汚れの色が薄まってくるので、あとはアルコールのついた濡れティッシュでたたいて拭きます。

◆生ジュース

毎朝、野菜や果物を入れた生ジュースを作って飲むのが習慣です。果物を入れた生ジュースは、ついてすぐなら水でつまみ洗いをすれば簡単に落とせます。

時間が経つと、酸化し茶色の取れない頑固なシミになってしまいますから要注意。朝の忙しいときについたシミは、あとで発見することが多いのですが、こうなったら、タオルにお酢をつけ、柔らかくたたくように拭きます。

◆落とせないシミ

たいていのシミは自分で取りますが、素材によってはプロに任せた方がいい場合もあります。高価な着物などの絹製品、革製品などは自分でやると風合いを損ねたり、素材を傷めたりするので、お金がかかってもプロに任せてしまいます。

赤ワインと視聴率

20年くらい前、海外生活経験豊富なインテリ？　おじさんの世界だった赤ワイン。最近は健康志向もあり、ポリフェノールを含む赤ワインは、ボケ防止効果もあるとかで高齢者の間にも広がり、さらにスタイリッシュな若者にも人気。

ちょっとしたワインブームです。

数年前、〝頑固な汚れを取る〟テレビ番組で、若い視聴者の部屋を訪ねてみると、なんと狭い部屋の壁一面が赤ワインのシミだらけ。「番組のためにわざわざ？」と思ったほど、赤ワインのシミが飛び散っています。

若者たちが酔っぱらってワイワイ騒いだついでにつけてしまったそうですが、見たところ、かなり時間が経っている様子。

アシスタント・ディレクターの若いお兄さんが、「無理でしょうかねえ」と心配そうです。もし、このシミが取れれば〝番組の最高の見せ場〟が作れるのに、と顔に書いてあります。

「大丈夫！」

豪語しつつ、近くのコンビニへ安い白ワインを買いに走ってもらいました。

そう、赤ワインには白ワイン。

タオルに白ワインをたっぷりつけ、ポンポンとたたくように拭きます。

白ワインに含まれるシュウ酸という成分が、赤ワインの色素に働きかけ、シミを目立たなくさせるのです。これは、ドイツで習ったおばあちゃんの知恵。

汚れてすぐなら完全に落ちるのですが、3か月間放置したシミです。

「どうなることやら」とこころでつぶやきながら、「いや、ここは腕の見せどころ」年の功です。だてには歳を取っていない！

人生経験豊か（?）な気合のおかげで、シミはかなり薄くなって、ほとんど目立たなくなりました。

「オオッ、オオ！　お見事です！」

部屋の住人はきれいになった壁に感激し、番組のスタッフたちは〝見せどころ〟ができ、私はシミの〝落としどころ〟をうまく見せることができ、みんな大満足、拍手喝采です。

「いいこと？　これからは、汚れたらすぐ拭く」

お世辞はうまいが無気力そうな若者たちの顔を見ていると、ついつい、「掃除もシミも人生もみな同じ。何事もあきらめない、逃げない。真正面から取り組むことが大事」と余計な（！）訓示を垂れてしまったのです。

〝掃除宗教〟のオバサン教祖のような顔つきになっていたかもしれず、大いに反省しましたけれど。

2週間後の放映のあと、「視聴率かなりアップです！」。

ディレクター助手の若いお兄さんが、喜び弾んだ声で電話をかけてきました。

こんな単純なことで跳びあがるほどうれしくなるなんて。若いなあ。

でも、一瞬、単純ではじけるような若さがうらやましくなりましたけど。

〝テレビ離れ〟をしてみる

〝栄養過多〟、〝所有過多〟同様に、減らすことが難しいのは〝情報過多〟です。毎日の暮らしの中で、私たちは多くの情報のシャワーを浴びているような気がします。テレビやラジオなどは、「これでもか、あれでもか」と発信を続けます。

ある70代のご夫婦のお宅を訪ねたときのこと、お暇《いとま》するまでの1時間くらい、隣の部屋のテレビがずっとついたままでした。

誰も観ていないテレビが消費するムダな電気代も気になりましたが、それより朝から晩までテレビの前に座っていて、テレビショッピングで買ったという段ボールの箱が部屋に積み上げられていたのには驚きました。

24時間（！）ラジオをつけっぱなしだという70代の独り暮らしの女性を知っていますが、ラジオの場合、他のことをしながら耳で聴くことができ、想像力を働かせて脳を刺激できるので、ボケ防止にもなり、テレビよりは活動的になれそうです。でも、いつ脳を休ませるのかな、と気にはなりますが。

一方、テレビから流れる映像情報は受け身になりがちです。

商品についての過激な情報を〝これでもか、これでもか〟と見せられ聞かされると、その場にいるような錯覚で、つい親近感を覚え、信頼し買ってしまうことも多いのです。

目から飛び込んでくる表面的な情報は、考える余裕もなく「おいしそう」、「お得感がある」、そして「同じものが欲しい」「使いたい」という意識を高めるようです。

テレビの広告は、「これ、とてもいいですよ」と問いかけ演じる好感度の高いタレントさんと自分が一心同体になったようで、つい心を許し、それを使いたくなる気分にさせます。広告心理学でいう〝同一視〟の現象を呼び起こしているのです。

今からでも遅くありません、できればテレビはこまめに切る習慣を持つこと。

ニュースやドラマなどは、観たい番組、見る時間帯を決めます。

その方が、テレビを観る楽しみが倍増するような気がしませんか。

歳を重ねるにつれ、何事も受け身になりがちだからこそ、テレビから離れ、外に目を向けることも必要です。

情報のシャワーを浴びたら、ひと風呂浴び、手足を伸ばし、少し考えてから行動する。こうすれば、立て続けに流れる流暢《りゅうちょう》な情報に〝待った〟をかけられます。今や社会問題にもなっている〝オレオレ〟の振り込め詐欺被害にも遭《あ》わずに済むかもしれません。

ゴルフのボールも、ドライバーを「イチ、ニイ、のう、サン」の、「のう」と溜めるとぶれが少なく、正確によく飛ぶようです。

成熟した大人の行動にも、しばし頭を休める〝溜め〟が必要ではないでしょうか。

2章　そこそこ・きれいに暮らす

――「住まい」と「そうじ」の落としどころ

居心地の良い家とは。
広いとか狭いとか、質素とか豪華ではなく、
きれいに掃除が行き届き、
あるべきところにあるものが適量、きちんと備わって、
それらが住む人と一緒に
毎日の暮らしの時を刻んでくれれば最高です。
もちろん、ライフスタイルや家族の数、年齢を考え、
身の丈に合った暮らしが基本です。

家は小さめがいい

歳を重ねるにしたがって、家は小さめがよさそうです。

広い大きなスペースは、いつもきれいな部屋を保つため、自分でやるとなれば掃除や片付けにエネルギーが要るからです。

50代はそろそろ、精神的にも肉体的にも家事がつらくなりはじめる年代です。

これまで、家族のためと掃除も家事も一生懸命真面目にやってきた専業主婦ほど、その反動は大きくなります。

家族の数が減少し、使わないスペースが増え、その分汚れもたまっていきます。

40代は忙しくてもエイヤッとこなせた家事も、だんだん肉体的苦痛となり、「どこにしまったっけ」など、多くのものを管理することもつらくなります。

広い部屋は、長年その管理を手伝ってくれる他人がいれば別ですが、どんなことがあってもあわてないように、できるだけ自分で管理処理できる広さに住んだ方が心も身体もラクです。

その基準は、床面積が小さく、週2回、10分程度のホコリ払いや拭き掃除、掃除機かけでいつもきれいが保てること。

将来、有料老人ホームで暮らすことを想定するなら、個人部屋で20平米ほどに収めることを目安に、少しずつ暮らしのシフトダウンをします。

自分の毎日の暮らし方、家事能力、それに体力などを考え、実際より少し小さめの家を想定しながらの生活を心がけると、そのときが来ても無理なく順応できそうです。

心地よい部屋の照明

誰もが「落ち着くね」と思うのは、煌々《こうこう》とした100ワット一個の電球や蛍光灯より、必要な箇所に取り付けた、数個の電球の部分照明です。

ドイツから帰国し、わが部屋の照明はすべて、20ワットや40ワットの電球を使った部分照明にしました。

窓辺や部屋のコーナーの、それぞれ必要な場所にランプを置いています。

独りでゆっくりと音楽を聴きたいときや読書タイムには椅子のそばのテーブルのランプだけにしたり、使わないコーナーのランプは消し、それぞれ明かりを調整できるので、省エネルギー効果もあります。

我が家のような、〝一室多灯照明〟は、部分的に暗いところができるので、部屋の隅々まで煌々と明るい天井の一灯照明よりも、部屋全体に立体感が生まれ、広く感じ、こころがゆったり落ち着きます。

畳の部屋には、昔のように隅に行燈《あんどん》のような電気スタンドを置けば、明かりが障子越しに映えて、一句したためたくなり、なんとなく風流で優雅です。

ドイツ人の好きな〝ゲミュトリッヒ（心地よい）〟の空間には、外せない小道具があります。

テーブルの上でゆらゆらと燃えるろうそくの火、パチパチと薪が燃える暖炉のやさしい赤い炎、そしてそばにはうす暗いオレンジ色のランプの明かり。

快適な暮らしの中で、それぞれが協奏曲のようなやさしいハーモニーを奏でます。

おいしい赤ワインと音楽や本があれば、最高に心地よい大人の時間が過ごせるのです。

もちろん、〝そこそこ〟掃除の行き届いた部屋も必要です。

こんな〝大人の時の過ごし方〟のよさがわかるのは、50代だからこそ、です。

暮らしは低く、こころは高く

いくつになっても、自分の暮らしは、自分の手で整え管理したいものです。

だからこそ、元気な今から、自分一人でも管理できる〝暮らしサイズ〟を探し意識することが大切です。

仕事を離れたり、子供が独立したり、独り暮らしになったり、そのときが来てからではなく、今から暮らしの〝サイズダウン〟を始めることです。

広い家は、人手があれば別ですが、歳を重ねるごとにきれいを維持するのは大変になります。

「ながら家事」や「ついで家事」ができる広さが、快適に暮らせる目安。

ものを減らしたり、暮らしを小さくする一番の方法は引っ越しや模様替えです。

私はこれまで若さと必要を武器に、17回も引っ越し経験がありますが、歳を重ねると、だんだんその機会も気力もなくなってきます。

そこで、まず今の家よりも狭い、50平米ぐらいの部屋を想定しながら部屋を片付けてみることもあります。

ものを減らし、暮らしを小さくするという心がまえを持っているだけでも、ずいぶん部屋は変わるものです。

日用品や景品や引き出物などのもらいものは、ついついため込んでしまい、押入れなどの貴重な収納場所を占拠しています。

無料で配られるティッシュや化粧品のサンプルなど使わないものなら受け取らないことに決めます。

何年も使わない引き出物はバザーやリサイクルに箱ごと出してしまいます。

食材の買い物にはエコバッグを持参し、買った時点で余分な包装を処分し、家に持ち込まないようにします。

自宅近くの小さなスーパーでは、「プラスチックバッグ不要」といえば、2円安くなります。お金の問題だけではなく、環境を考え、自然にやさしい生活をしようという気持ちも湧《わ》いてきます。

「デパートの包み紙や袋はどうしていますか」

こんな質問をよくいただきます。

デパートの紙袋は気づくと山のようにたまってしまいます。

奥の方で黄色くなった紙袋は、ゴミ袋でしか再利用の道はなさそうです。

そこで、紙袋をしまうのは、大きな紙袋一つ分だけと決めています。

紙袋がいっぱいになれば、古くなったものは捨て、新しくてデザイン性のあるもの、丈夫なものを再利用のために残します。

「もったいない」といつまでも抱え込まないで、使わないものとは潔《いさぎよ》く決別する気持ちも必要です。

好きなもの、気に入ったものには、自分なりのルールがあると便利です。

クリスマス時期の紙袋は、「きれい、楽しい、かわいい」とコレクションの対象でしたが、あるとき毎年色もデザインも同じようなものだと気がつきました。最近では毎年新旧入れ替え、常に最新のもの3～4枚と決めています。

本などは気づくと膨大な量になり、整理整頓が大変になり、本棚からはみだし、テーブル、床やソファに積み上げられることになります。

読み終えた本は人に差し上げたり、図書館やリゾート地のライブラリーに寄付したり、雑誌などは新聞紙と一緒に資源ゴミに出します。

暮らしのサイズダウンやもの減らしのためにも、いつも、将来の独り暮らしの部屋の広さを考えることです。

最近、旅行に出かけると、泊まったホテルの部屋の広さを意識し、そこで独りで、あるいは二人で暮らすとするとどんな感じかを想像することがあります。

老後の暮らしを想定するのにちょうどいい広さの範囲は、20平米から50平米前後です。

そこで暮らすことをイメージするだけでも、自分なりの暮らしサイズが実感でき、あの家具もこの道具も要らないことがわかってきます。

暮らしを低く小さくするには、それなりの覚悟やルールが必要です。気に入ったものを少なく、長く使い続けることで、ものが増えず、必要なものに囲まれた心地よい暮らしができるようになります。

さらに、歳を重ねるごとに、新しいものより使い慣れたものを使う方が、こころが落ち着きます。

こころを高くする、小さな暮らしのあれこれ

歳を重ねるほど、いつもこころを高く持つことは大切です。

今すぐにでも始められることからスタートし、無理なく少しずつすべきことを自分のものにしてしまいます。

◆毎晩のモチーフづくり

就寝前のちょっとした時間に、レース編みのモチーフを作り続けています。

もちろん、疲れてストーンと寝入ってしまうこともありますが、それ以外はたいてい自室でも旅先のホテルの部屋でも、10分間の小さなモチーフづくりが習慣。

いつか小さなモチーフをつないで大きなベッドカバーが完成することを夢見ながら、無心になって編むこの時間が好きです。

高齢になって手足が動かなくなったらできませんが、元気なうちはいつでもどこでもできるので、今からの老後へつながる小さな暮らしの楽しみのひとつ。

自分と静かに向かい合えるこの時間は、贅沢《ぜいたく》な〝こころの隠れ家〟のようで、無心になり、こころが温かくなる瞬間です。

歳を重ねるにつれ、こんな小さな暮らしの習慣が多いほど、毎日にメリハリができ、自分を喜ばせることができそうです。

◆部屋の移動に使うエコバッグ

つつましい暮らしを好んだ両親の影響でしょうか、暮らしを簡単に便利にする工夫をあれこれ考えるのが好きです。

自宅で書きものをすることがありますが、気分転換を兼ね、部屋から別の部屋に移動するとき、パソコンやノートや資料や本など、さらに充電器までを抱えて持ち歩くのが苦痛になり始めました。

そこで、見つけたのがサンプルでいただいた布製のエコバッグ。

邪魔になって処分しようと思っていたものですが、この中にこまごましたものを入れ、部屋を移動すると便利かな、と思いついたのです。

使ってみると、ラクラク、ちょっとしたお出かけ気分にもなれます。

◆小さな模様替え

幼馴染《なじみ》のＢ子は部屋の模様替えが趣味です。

思い立ったら、どんなに重い家具でも何でも自分で動かしてしまいます。

あるときはどうしても動かせない机を、「ちょうど、荷物を運んできた宅急便のお兄ちゃんに手伝ってもらった」と笑っています。

家具でも人でも、彼女の強い意志の前には〝動かざるを得ない〟ようです。

遠く離れているのでめったに会えませんが、彼女の家を訪ねるたび部屋の様子が違っています。

彼女に言わせると、「見過ごしていた不用品も処理できるので、ものが減り、それに引っ越しをしたように気分も変わる」というのです。

先日、「最近、模様替えはどうなってるの？」とメールすると「60過ぎたら身体や気力が言うことを聞かなくなって。大きな模様替えはしてない」との返事が返ってきました。

ただし、彼女の40代からの趣味は健在。椅子の向きを変えたり、テーブルにペンキを塗ったり、古い絵や置物を処分したりと、小さな模様替えは相変わらず〝現役〟だそうです。

この調子だと、彼女の模様替え趣味は、年齢とともに小さくなるようですが、まだまだ品と場所を変えて続きそうな気配です。

家事のマンネリを防ぐ

仕事同様、家事もリニューアルする、前向きな気持ちが大切です。

外でやる仕事は、自分一人で変革を実現するのは難しいことです。

でも、家でやる家事をどう変えるかは、あなたの知恵と気力にかかってきます。

50代は、5年先10年先のライフスタイルの変化を考え、これまでやってきた家事を少し見直すいい時期かもしれません。

これまでの家事のリニューアルも、50からの暮らしの〝落としどころ〟です。


そろそろ、自分一人で頑張ってきた家事負担を減らす工夫を考えます。

まず、これまでの主観的な家事を、客観的な家事にシフトします。

自分の家事動作を「ムダなものはないか」と他人の目でチェックし、時間を決めた家事をし、家事時間や労力を少なくする工夫をします。

また、夫や他人など、自分以外の手を上手に利用します。

掃除でも料理でもゴミ出しでも、自分の手から少しでも家事が離れることは、歳を重ねるこれから、ますます重要なことになってきます。

特に〝無料〟で使える（！）夫の手は、「教えるのが大変」とあきらめる人が多いのですが、相手の性格や能力を考え、家事への関心度を少しずつ深めるように軌道修正？　すれば何とかなるかもしれません。

熱心でスマートな教師しだいで、どんな生徒でも隠された〝能力〟が磨かれるものです。

これまで家事を一切やらなかった男性には、簡単で手間がかからないゴミ出しを教えることからスタートします。場所と日時を教え、まとめたゴミを運んでもらうのです。

最初は忘れがちなので、「今日は生ゴミですよ！」と〝やさしい一声〟をかけます。

一か月もたてば、記憶にインプットされ、掛け声も必要なくなるはず。

ジュースづくりも、野菜や果物を冷蔵庫から出して切ってミキサーにかけるだけなので、男性にはわかりやすく簡単にできるはずです。しかも、中年以降の男性が振り向きやすい〝健康にいい〟の魔法の言葉もあります。

自分流の家事に人の手が入ると、意外な発見もあります。

夫は、ミキサーの一番下に葉もの野菜を入れ、重いものは最後に入れるとよく混ざって効率がいいと考えます。すべての野菜を切って無造作に入れる自分との違いに「なるほど」と、自分流の家事に〝変革の風〟を感じる機会にもなります。

男性への家事指導？　は本人の気持ちの負担にならず、取り組むことにあまり違和感のない家事から始めるとうまくいくようです。

掃除こそ、男性に向く家事

昨年の暮れ、40代、50代の男性サラリーマン向けの夕刊紙から、「お父さんの暮れの大掃除」についてのコメントを求められました。

女性が長い間一途に背負ってきた家事には、〝掃除、料理、洗濯、介護・育児、家庭管理〟など、広い範囲の仕事があります。

男の家事参加はこれからの社会的大テーマになりそうですが、〝男子厨房《ちゅうぼう》に入らず〟や〝家事は専業主婦のお仕事〟などの偏見がいまだ男女ともに渦巻いていて、〝男女家事平等社会〟の実現には、まだまだ時間がかかりそうです。

男が家事に興味を持ち、女性と対等にできるようになれば、定年後に妻から〝厄介《やっかい》〟扱いを受けることもなくなり、自立した人間として、堂々と自由に生きられるはずです。

時間も余裕もたっぷりある定年後のおじさんたちから、家事革命が起きないかとひそかに期待していますが。

とはいえ、マスコミも暮れの大掃除の季節になると、口をそろえたように「男の大掃除参加」をテーマにしたがるようです。

ちなみに、「大掃除」は春の季語。暮れの大掃除は「すす払い」。できれば、暮れの「すす払い」だけでなく、春の「大掃除」も男性にやってもらえるのが理想ですが。

ふだんの家事は妻任せのお父さんも、「大掃除くらい手伝いたい」ではなく「手伝わなければ」ということなのかもしれません。

そこで、『目からウロコのお掃除の裏ワザ』の作者から、そのコツを聞きたいというわけです。

実は、掃除は、家事の中でも男性に向くことをご存知でしょうか。

これまでの経験上、男性は、理論通りにやれば成果があがり、体力勝負で、結果が目に見えやすい家事に、達成感を覚えるようです。

掃除は、汚れを見分け、道具とやり方を覚え、使う洗剤の知識を持って、体力を使ってやれば、必ず成果が出る家事です。掃除の場所はほとんどが〝理屈と体力勝負〟の男性向きです。


お父さん向けの掃除の場所は、「高いところ」、「水回り」そして「油回り」。

いずれも、体力が要る場所、理論通りやればきれいになる場所です。

天井付近や高いところにある照明器具などは、椅子の上に上がって身体を近づけてやれば、ホコリもよく見え、しっかり汚れが取れます。

高所恐怖症の男性には向きませんが、一般的には骨格がしっかりして力がある男性向き。


バスルームや窓ガラスは、体力勝負の場所。

男性の大きな手には大きめのバススポンジも苦にならず、一度に広範囲を磨いても体力が余りそうです。

シャワーの水圧を使って磨けば、洗剤も少なくて済みます。

窓ガラスもタオルを使って拭くように磨けば、体力のある男性なら苦になりません。

換気扇やレンジのべたべた汚れが多いキッチンの油回り。

ひどい汚れは、それなりに時間もかかるので、〝腕力と持久力〟がある男性向きです。硬めのスポンジに中性洗剤でしっかり磨けば解決です。

どんなやり方にしろ、この４か所を手伝ってくれれば、女性は大助かりなのです。

さて、お父さん向け夕刊紙。

年末、南半球の真夏の太陽に向かって旅立つ直前の成田のキオスクで手に入れたのですが。見たとたん「えっ‼」。

記事はうまくまとめてありましたが、記事の中央には、なんと、股を八の字に大きく広げ、天井の照明器具を拭いているお父さんの下半身の下からのアップ写真が堂々と載っているではありませんか。

掃除のイメージが、〝キツイ〟〝暗い〟〝汚い〟〝希望がない〟の４Ｋを乗り越え、知的で明るくなるには、まだまだ時間がかかりそうな気がします。

掃除の理論

何事も基本ルールがあり、決まりごとがあります。その基本とコツを知っていれば、時間も労力もかからずに楽しめます。掃除にも押さえておきたい基本理論があります。

もちろん、その通りにできないこともありますが、基本をマスターすることで、気持ちにも余裕ができ、自分なりの工夫も生まれるものです。

28年前。ニューヨークの本屋で、掃除の順番は、〝ポリス・リサーチ・メソッド〟で、と書いてある本を見つけたときの新鮮な驚き。

これから掃除の事業をスタートさせるときに、明るい光を見つけ、こころがわくわく小躍りするような気持ちになったのを、今でもはっきり覚えています。

ポリス・リサーチ・メソッドとは?

警察官（ポリス）が事件現場に駆けつけたとき、現場を調べる（リサーチ）方法（メソッド）のこと。

それは、上（天井）から中（壁）、そして下（床）です。

掃除の順序は、まさにこれと同じ。

なんと、事件の捜査を掃除の順序に置き換えるとわかりやすく、「ポリス？　何のこと？」と誰もが関心を示し、興味が湧いてくるではありませんか。

掃除のビジネスは、科学的・理論的マニュアルがあってこそ、やる人に希望を与え、サービスを受ける人には安心感を与えるのだと、そのとき確信しました。

ちなみに、ホコリ払いのときは、天井から壁、そして床へとハタキをかけていくと、二度手間が要らず効率的です。

風が流れる部屋

心身とも快適な住まいづくりの基本は、部屋に風が流れ、いつも新鮮な空気に満ちあふれていること。

そのためには、窓を開け、ホコリを払い、床を拭いたり掃いたりすることを心がけます。

掃除の行き届いた部屋は、若草のような自然のいい香りがします。

窓を開け、掃除機をかけたあとの、何とも言えない部屋の澄んだ香りが大好きです。

朝、どんなに寒くても窓を開け、新鮮な空気を取り込む習慣は、ドイツ暮らしから始まりました。

猛暑でも、クーラーを使いながら、ときどき窓を開け、部屋の空気を入れ替えます。

部屋の空気がどんより曇《くも》ったようになると、頭の中もモヤモヤし、こころも暗く重くなるようです。

お客さんが来られる30分前には窓を開け、新鮮な空気を入れ替え、帰られたらすぐ窓を開けて風を通すようにします。

新鮮な空気でお客さんを迎えるのは礼儀でもあり、大切な〝おもてなし〟です。

調理や食事のあとは、必ず窓を開け、換気扇を回し、料理の匂いを意識的に追い出すように心がけています。

調理や生活の匂いが部屋にこもると、それが汚れの元となり、いつの間にか重なり、本格的な汚れとなるのです。

留守中は、水回りの換気扇を回し、部屋のドアは、空気が流れるように、少し開けておきます。

我が家は、いつも部屋中に風が通ることを意識しているので、カビ知らず、ニオイ知らず、汚れ知らず。

美しい窓辺は、住む人のこころ

ドイツに住んでいたころ、美しい窓辺を眺めながらの散歩が日課でした。

家の大小にかかわらず、窓辺には、真っ白なレースのカーテン、その隙間《すきま》には外に向け、色とりどりの季節の花を飾ったり、小さなランプを灯したり、まるで、知らない他人の目線を意識し「じっくりと、見て、楽しんで」と言わんばかり。

見ているだけでも、そこに住む人々の住まいへの愛着、環境への配慮、そして他人へのおもいやりが感じられるようでした。

異国での緊張し固く閉ざしていた心が、きれいな窓辺を眺めるだけでふわりと溶け始め、温かくなるのです。

「いいなあ、あんな窓辺のある家」——。

美しい窓辺を見るたびに恋い焦がれ、〝理想の私の家〟のイメージがどんどん広がっていきました。

帰国し、ささやかながら小さな家を持ったとき、「外に向かって開く窓はできるだけ大きく、そして透明ガラスであること」が絶対条件でした。

建築デザイナーの中年の男性は、「外から見えますよ」と都会では防犯の意味でお勧めできない、と苦い顔をしましたが、住人の長年の想いと意志は熱く固く、譲るつもりはありません。

そして完成した家。

真っ白いレースのカーテンの隙間に、外に向かってランプや鉢植えのグリーンを置き、バルコニーに作った小さな花壇には、赤いゼラニュームを植えました。

ゼラニュームは、こまめに枯れ枝を取ってやれば、ほとんど手間がかからず、一年中真っ赤な花を咲かせます。

出かけるとき、帰宅したとき、ちょっと立ち止まって、我が家の様子を外から眺めるのが大好きな習慣です。

老夫婦のクリスマスツリー

今の家に住み始めて、今年で18年目を迎えます。

12月から1月にかけ、夜の訪問客に道順を伝えるときには、「大きなモミのクリスマスツリーをめざしてね」が合言葉です。

この素敵な目印を口にするたび、まるで、森の中を歩くヘンゼルとグレーテルの童話の世界にいるような気持ちになります。

もちろん、「わかりやすい！」と、誰もが迷うことなく楽しく目的地の我が家にたどり着きます。

この目印は、我が家ではなく、ご近所のお宅のモミの木のクリスマスツリー。

70代後半のご夫婦の住む家の玄関先の大きなモミの木に、12月から1月中旬ごろまで、ブルーと白の美しいライトが灯されます。

あるとき、玄関先を掃いていた奥様に、「いつも楽しませていただいております」

とお礼を言うと、「こちらこそ、うれしいです。でも、年金暮らしですからいつまで続きますやら」と。毎年、お礼を言うたび、かれこれ10年以上変わらず、同じような控えめな答えが返ってきます。
「まだまだお元気で、いつまでも楽しませてくださいね」とこころから願う私。

二人そろってつつましく上品な装いの外出姿を見るたび、外国経験豊富なご夫婦の季節を感じる生きがいでもあり、寒い冬の暖かい楽しみ方のひとつかもしれない、と思ったりします。

寒い夜、キラキラと夜空の星のように輝く美しいクリスマスツリーを見るたび、なんとなく冷えた心がポーッと暖かくなる、ご夫婦の〝冬のおもてなし〟のような気がします。

定位置、定番、定量の大切さ

歳を取るということは、人によって違いはありますが、こころと身体のバランスが崩れることでもあるようです。

50代からは、こころは30代、40代のつもりで元気でも、肉体は少しずつ衰え、確実に下降線をたどっていきます。その速度を遅くする方法はあっても、人は必ず老いを迎えるのです。

こころはいつまでも元気はつらつ。でも身体が少しずつ気持ちについていけなくなるのです。

それを自覚しつつ、今から自分の管理できる住まいのサイズを考えることです。

いきなり、ものを減らすといっても、なかなか難しいもの。

まず、所有するものの置き場所（定位置）やものの数（定量）を決めます。

ホテルの部屋は、どんな部屋も暮らしに最低限必要なもの（定番）しか備えていません。ツインルームならハンドタオル、フェイスタオル、バスタオル（定番）などは、大小それぞれ2枚、石鹸も2個、歯ブラシも2セットずつ（定量）。

使う場所（定位置）にきれいに洗ったものがきちんと備えられています。


ホテルの部屋のように極端でなくても、どこに（定位置）、何が（定番）、どれだけ（定量）あるかがわかれば、必要なときにすぐ手が届き、探し物も少なくなります。

イライラ心もムダな動線もなくなり、毎日が快適な暮らしになります。

今からでも、1年計画、2年計画で、暮らしの「定位置、定番、定量」を実行に移してみるのもいいかもしれません。

部屋もすっきりし、使ったらもとに戻す習慣も身につき、忘れ物も少なくなり、やがては〝要るもの、要らないもの〟がはっきりし、あれほど部屋にあふれていたものが自然に減るかもしれません。

ピカピカのお風呂とトイレ

ドイツでは、水回りのクリーン度は、その人の品格を表すといわれます。

トイレは、急な来客の「トイレ拝借」であわてることがないように、いつもピカピカに磨いておきます。

わざわざ、トイレ掃除に時間を割かなくても、自分が使ったときにきれい度を保つことを心がけるだけで十分です。

この〝使ったときは手入れどき〟の習慣が大切。

水を流した後、柄付きたわしでササッと磨き、全体を目でチェックします。

便器まわりは、2日に1回程度固く絞ったタオルで拭き、ついでに床も拭いてさっぱりさせます。

最後の仕上げに、トイレロールの先はホテルのように三角に折ると、トイレ全体がきれいに整って見えます。

ときどき、こころが〝もやもや〟して、疲れていると感じたら、気分転換にトイレを磨いてみてください。

禅の修行にもあるトイレ掃除は、汚れを磨くのではなく、〝こころを磨く〟ためだといいます。

「こころをゴシゴシ磨く」つもりで、トイレ掃除をするのもやる気が出てきませんか。

バスルームは、使ったあと、バスタブの中が水垢でぬるぬるしないよう、タオルで磨くように拭いておきます。

床や壁には、熱めのシャワーをかけ、汚れの原因になる石鹼かすなどをきれいにします。シャンプーや石鹼などの小物類は、網目のかごにまとめておけば移動もラクです。

窓を開け、換気扇をこまめに回すようにすれば、カビから解放されます。

いつも清潔な水回りは、健康ライフには欠かせません。

掃除が行き届いた部屋

誰が見てもきれいで清潔な香りがする部屋は、自分への〝最高のおもてなし〟です。

掃除が行き届いた部屋は、居心地もいいし、自分もお客さんも大切にする気持ちにあふれています。

住まいの手入れに気配りを忘れない人は、自分と他人へも心配りを忘れません。

住まいは、暮らし方はもちろん、人の生き方を表しているのです。

いつもきれいを保つためのコツはあります。

部屋の空気を頻繁に入れ替えること。これさえできれば、天井や壁が汚れにくくなりホコリやカビからも解放されます。

部屋の空気がきれいな家は、汚れにくいということを覚えておきます。

部屋の汚れには、いつも敏感になることです。

でも、いつも汚れを気にしながら〝掃除魔〟のような生活をするのは、こころが疲れますし、ナンセンスです。

汚れを発見したら、その場できれいにしてしまう習慣だけで十分です。

もちろん、汚したらすぐ拭いて、新しいうちに汚れを処理する心構えも大切。

掃除をする時間や日を決めます。

掃除機をかける日、バスタブを磨く日。

トイレや洗面台、キッチンなどは使うたびにきれいにしておきます。

害虫を見つけたらすぐ退治をするように、汚れを見つけたらすぐ処理します。

掃除は特別な家事ではなく、あなたの生活行動とともにあることを忘れてはいけないのです。

小さな楽しみを見つけながら住む

都心にささやかな家を持ったとき、小さなパティオ（中庭）を作りました。大きな庭は無理だとしても、自然を感じる場所があればと思ったのです。

ヨーロッパのきちんと刈り込まれた木々の人工的な香りのする庭園と比べ、日本の昔からの庭園は、池を作り、自然界の植物を植え、人の手によるものながら、まるで自然の中にいる感じがします。

そんな日本の自然庭園をイメージしながらのささやかなマイ・ガーデン。

レンガで囲いをした中に土を入れ、ハーブやアイビー、南天、シダなど買ってきた鉢植えを、計画もなしに植え込んでいきました。

数年すると、小さなパティオは自然の緑に覆われるようになり、晴れた日は小さなテーブルでお茶を飲みながら自然を楽しむこともできるようになったのです。

またパティオに続く居間の大きなガラス戸を開けば、部屋と外の緑との一体感も出て、広々と開放感にあふれます。

ある日、パティオの片隅に遠慮がちに根を下ろしているかわいいもみじの子供を見つけました。

種が風に運ばれてどこかから飛んできたのでしょうか。

この子供の苗木、森の庭でも、もみじの木の下でよく見かけ、日当たりのよい場所に移すと、一年後にはあれほどひ弱だった苗木がびっくりするほど元気に生長します。

「こんなところに!」と想定外の〝小さな自然の訪問者〟に、まるで森の中にいるような気分になり、さっそくパティオの真ん中に移し替えてやりました。

あれから、18年たった今、森のもみじに負けないくらいの高さに生長した都会のもみじ。

毎年晩秋のころ、こころを酔わせるような見事な紅葉を楽しませてくれます。

自然にこころを解放すれば、自然は必ず喜びを与えてくれる。人生の秋にさしかかった今だから感じる、生き方の〝落としどころ〟を見つけたような気がします。

3章　のびのび・ゆるやかに考える

——「自分」と「人付き合い」の落としどころ

人生のほとんどのできごとには、
「これだ」という明確な答えはありません。
わからない答えを求めて、人は「あれでもない、
これでもない」と、自分や周りに問いかけ、悩むのです。
答えは得られなくても、その過程で何が重要なのかを
気づくことが大切なのです。
そのとき、人は、感謝の気持ちや自分や他人を思いやる
やさしいこころを取り戻し、
「ああ、生きている」と実感できるのではないでしょうか。

たまには、哲学的に生きてみませんか

気が向けば、学生時代の哲学入門の本をパラパラめくることがあります。難しいことはわかりませんが、人がいろいろ模索し経験した結果、〝正解を求めるより、わからないことを知ることが大切〟だと教えてくれるような気がします。

自分がこれまで熱心に携《たずさ》わってきた仕事が向いていたかどうか、もっと違った生き方があったのかどうか。

なんど自問を繰り返しても答えが出るはずはなく、むしろ最後までわからないことが多いものです。

でも、人生のこれまでの生きざまの正解を求め、あれこれ〝考えること〟から何かが見え、強くなれることがある、と勝手に解釈しています。

若いころより深く考え、しかし深追いはしない、これこそ、経験豊かな50代からの

〝人生の落としどころ〟かもしれません。


よく考えれば、50代で気がつかなければいけないことがわかります。

それは、人生の無常に不安を募らせるのではなく、「世の中の不思議を知ること」。寛大に、謙虚に、後半人生の実りの季節を深めていくことにこころを寄せる。

この禅にも通じる哲学的な気持ちは、他人へのこころ配りや自然を取り入れた生活、そして今あるものを大切にするやさしい暮らしの知恵につながっていくような気がします。

〝おいしい暮らし〟

30年くらい前、あるデパートの広告コピーの〝おいしい生活〟が話題になったことがあります。当時、「おいしい生活？　はて、どんな！」とその斬新《ざんしん》な言葉がこころに響きました。

さらに、その広告に登場したのは、一見さえない50近いおじさん風の小柄な俳優さん。たしか、映画監督で、音楽家でもある多才なウディ・アレンさん。

イキでもキザでもないけれど、ファッションも生き方もそこらの日本のおじさんとはどこか一味違う自分流のライフスタイルを持っていそうな？　味のあるアウトロー的大人の男。

ひょっとすると、彼の生活スタイルには味わいのある〝おいしさ〟が詰まっているかも、と錯覚するようでした。

そのころは、〝おいしい〟の意味をよく理解できず、「どんな生活かしら」と憧れるのみでした。

夢のような響きの中で、おいしい生活の中身をじっくりと考える暇もなく、言われるまま与えられるまま「これも、あれも」と消費に明け暮れ、気がつくと、バブルははじけ、大量生産・大量消費の経済優先の社会から、人のこころは離れてしまったのです。

家中あふれるほどのものに囲まれ、ため息をつきつつ、「人の幸せは、ものの数ではなく、こころの豊かさにある」と気づくのです。


当時と違い、今の〝おいしい生活〟とは。

質の高い暮らしは、ものの数ではなく、こころが喜ぶから「おいしい！」のです。

こころが豊かになるのは、自然に逆らわず、工夫を凝《こ》らし、知恵を働かせて暮らすからです。

ものを買いあさった〝甘い〟生活だけではなく、〝辛い〟〝苦い〟〝しょっぱい〟〝渋い〟〝酸っぱい〟がわかる生活。

人によって〝おいしい生活〟の中身は、さまざまです。

どのような暮らし方が〝おいしい〟か。これがわかるのは、人生の経験を積み重ねた人だからこそです。

独りよがりではなく、他人からみて、〝なるほど〟とうなずき真似したくなるような客観性も必要です。自分のこころが喜ぶ上質な〝おいしい暮らし〟を探してみたいものです。

かわいいおじさん

最近、周りの50代や60代のおじさんたちを「かわいいな」と思うことがあります。上手に歳を積み重ねているのでしょうか、意外と〝かわいい大人〟なのです。そう思えるようになったのは、長い年月をかけてできた〝わが心のシワと年輪〟のせいかもしれませんが。

「かわいい！」と思うおじさんは、どこかすきがあり、中性的で、完全無欠パーフェクトに見えないので親しみを感じます。

長い人生経験からくる、一抹の寂しさや弱さをふと漂わせることもあります。

しかし、口下手だけれど、他人を「なるほど」とうならせる行動力があり、相手の身になって考え、使うべき言葉を持っています。

決して困難から逃げないで、説明責任を果たしてくれます。

「私が責任をとる」とか「任せておけ」と、どこかのビジネス本を真似たようなことは一言もなし。

若いときは、ほらを吹いたり、服装もピシッと決まってカッコよく、ペラペラと弁舌豊かなことは、「まだまだ若いねえ」で許されますが、50代からはそうはいきません。

言葉足らずでも、さりげない他人に対する温かな心遣いで人の心をホッとさせることも求められます。

自分の言いたいことを一方的にしゃべるのではなく、他人の気持ちやその場の雰囲気がとっさにわかる〝経験的直観力〟が育っていなければいけない。

水から煮だすと程よい味が出てくる、昆布のような味のある〝かわいい大人〟は、世の中にはなくてはならない〝隠し味〟的存在なのです。

変化するから人生は面白い

郷里の友人のS氏は、60代になって急に夢と現実を交差しながらの壮大な生き方をしています。

40代、50代は、ただひたすら機械設計の仕事をしながら、「おとなしく、内向きに生きてきた」そうです。

60代になったらこれまでの蓄えをもとに山で炭を焼き、海で釣りをして暮らす計画もあったそうです。

ところが、ある選挙の手伝いがきっかけで、「自信がつき、内向きだった自分が信じられないくらい外向きに変わってしまった」というのです。

「こんな前向きで積極的な自分が潜んでいたなんて」、60になるまで気がつかなかったそうです。

この数年、彼は病で倒れた学生時代の先輩の遺志を継ぎ、アフリカの子供たちのために井戸を掘る技術支援を実現するため、走り始めています。

「こんな力がどこから出てくるのか」と自分でも驚きつつ、彼の真面目で正義感の強い性格が後押しし、いろんな人々を巻き込み、アフリカの某国に井戸を掘る技術支援に乗り出しました。

「きれいな水で子供たちを病気から救いたい。一人でもええ」

同時に戦乱で負傷したアフガンの子供たちの義足の提供募金なども始め、彼への支援協力者は50人以上にどんどん広がっています。

まるで、技術屋の彼が、自分のこれからの10年の人生設計を図面に描いているようです。

この春には、アフリカの某国より技術者一人を招き、日本での研修にも乗り出します。

世界でも上位に入る貧しいアフリカの某国へは、今年の夏ごろ出かけ、政治家はもちろん、村の村長にも会ってくるそうです。

彼の夢は、お金の援助ではなく、日本のものづくりの技術を教え、人を育て、日本人の心意気を伝え、「貧しい国を変えたい」というものです。

「燃えてますね」というと、「今までの人生で最高に充実してまっせ！」と、いつもは雑で石ころのような播州弁《ばんしゅう》が、まるでダイヤモンドのようにきらきら輝いています。

「言葉なんか要らん。ハートで勝負や」

聞いているだけで、こころがほぐれ、胸が熱くなります。

しかも、明日の夢を語りながら、少しずつ足元から実現しているところが賞賛に値します。

アフリカの某国の指導者も、日本の政治家も顔負けの、60代のおじさんの意気込みです。

まだまだ先は長く、やり方は多く、異国の壁は厚い。

答えは見つからないかもしれない。しかし、「この歳になって生きている実感が湧いてくる」のが最高に楽しいといいます。

さっそく、「気持ちだけ」と、彼らの基金にわずかなお金を振り込みました。

昨日のあなたは、今日のあなたではなく、明日のあなたでもない。

夢の実現に向かって情熱をそそぐ彼の姿。

人は、何歳になっても自分では気がつかないうちに日々変わっていく。

歳を重ねた今、その変化の面白さに気づくことが、人生最大の〝落としどころ〟ではないでしょうか。

楽の裏に苦あり

人生は、はたから見て〝楽に見える〟ことには〝見えない苦しさ〟を伴うことが多いものです。

むしろ、苦しいことがほとんどのような気がします。

ときにはまわりからのサポートで救われることも多いですが、苦しいことのほとんどは〝自分との闘い〟なのです。

徳川家康《とくがわいえやす》の〝人生は重荷を背負って歩くがごとし〟の言葉には、経営者やスポーツの記録挑戦者なら、誰もが自分のことのように「いつの時代も変わらないなあ」と、人の前を走る重責に共感を覚えます。

人が「うらやましい。いいなあ」と思うほど、会社や事業、芸術やスポーツなどさまざまな分野で成功した人には、他人にはわからない、言葉に尽くせないほどの苦労が山ほどあるはずです。

ハウスクリーニングサービスを創業して28年、同時にスタートした同じような会社も含め、ほとんどのベンチャー企業が姿を消しています。

時の流れは、人も事業も変えていきます。

しかし、小さい小舟がそのまま愚直にも荒波を乗り越えてきた結果、まだしぶとく生き残っているわが社のような例もあります。

〝老舗《しにせ》のせんべい屋さん〟で行こうと決めた日から、小粒でもピリリと辛い老舗の味を守り続けてきました。

当時、新聞で取り上げられるたび、「あなたと同じサービスを始めたがうまくいかない」と面識のない女性たちから電話がかかってきました。

英語もしゃべれるし、エアラインで接客も学んだし、外国留学の経験もあり、キャリアも負けないのになぜ？

彼女たちは、「あなたにできるなら、私にだってできないはずはない」と口をそろえ、女性経営者のスマートな姿を思い描き、「カッコいい！」と憧れているように思えました。

ピシッと決めたスーツで、スマートに働く姿がマスコミに登場するたび「いいなあ。私も」と思ったのかもしれません。

でも、創業当時は、たいてい髪振り乱して駆け回っていました。

それが真の姿、働く現実で、マスコミに騒がれるたび、取り上げてもらえる幸運に感謝しつつ、実像は優雅やカッコよさとは程遠いヨレヨレのボロ雑巾のような毎日でした。

〝21世紀の10兆円のビジネス〟などと書かれても、海のものとも山のものともわからない、先の見えない掃除ビジネスの現実に、「10兆円？」と、どこか醒《さ》めた自分がいました。

マスコミで話題になると、「自分も儲《もう》かりそうだ」と思う人も多いのですが、いざ始めてみると、むしろ「苦労ばかり多くちっとも儲からない」とわかるのです。

ビジネスに素晴らしいキャリアは要りません。

日々の挑戦が積み重なってキャリアになるのです。

やると決めたら、どれだけ心を無にし、情熱と体力を傾けることができるかです。

もちろん、そのときのめぐりあわせや幸運にも左右されることがあるかもしれません。

ときには、自分の非力さを感じ、絶望に打ちひしがれることもあります。

「このままでは終わらない」と自分を勇気づけ奮い立たせ、モチベーションを高め努力する源は、自分の内なる力なのです。

他人の力も借りながら、最終的には〝自分との闘い〟なのです。

汗まみれになって、毎日、現場に出て、ごしごしと汚れた他人のトイレやキッチンを磨けますか。

ああでもない、こうでもないというお客様のクレームを処理できますか。

お金がなくて、おしゃれができなくても我慢できますか。

自分より他人を優先し、世のため人のためを考えられますか。

お金よりは人を大切にしますか。

自分の能力をどれだけ理解していますか。

忍耐強く責任感がありますか。

人一倍の努力家ですか。
自分に厳しいですか。
世の常識、他人を気にせず生きられますか。
足元を見つめながら大きな夢を持てますか。

「やってみたい病」の彼ら彼女らのほとんどは1年以内にギブアップし、どこかへ消えてしまいました。

歳を重ねればわかること。〝苦と楽〟は人生の表裏一体。

楽に見えるのはほんの〝氷山の一角〟で、苦のほとんどは水面下の〝自分との闘い〟なのです。

あれから28年。とうに50を過ぎた彼女たちの人生の落としどころに、〝苦楽〟の文字は仲良く並んでいるでしょうか。

本を読む

雑学、乱読ですが、本を読むのが好きです。

コンビニでパラパラとめくるのは週刊誌、本屋では話題の新刊。

気に入ったものは買いますが、持ち帰るとものが増えそうなので、たいていはすぐ読み切れ処分できる文庫や新書を選びます。

仕事で疲れたときや海外旅行のお供は、肩も凝《こ》らず、荷物にならない文庫本。

読んだらすぐ処分するので、場所も取らず、帰りの旅行荷物も軽くなります。

ホテルのベッドわきに、〝興味があればどうぞ〟と簡単な英語のメモを残します。

父は「テレビを観るより、本を読みなさい」と、本だけは惜しみなく買ってくれました。

田舎の町には田んぼや畑ばかりで近所に本屋さんもなく、仕事先に届いた雑誌を父が持ち帰ってくれるのです。

小学生向けの月刊雑誌が発売される日は、父の帰りを玄関で〝今か今か〟と首を長くして待っているほど、本が大好きな少女でした。

ある日、ちょうど父の出張の日と雑誌の発売日が重なりました。父が乗った汽車の窓から、本を投げてくれることになり、母と私は、通過する汽車の時刻に合わせて線路近くで待つことになったのです。

ところが、窓から父の投げた雑誌が運悪く線路際の田んぼにポチャンと落ちてしまいました。ちょうど、田植えの時期で田んぼの中には水がいっぱい。

汽車が通りすぎたあと、なんと、母は着ていた着物の裾を腰までたくし上げると、ジャブジャブと水がたまった田んぼの中へ入っていったのです。

「本を粗末にしたらいけない。神様に叱《しか》られます」

ずぶぬれになった雑誌〝小学一年生〟を丁寧に、ていねいに、まるでおまじないをするように、乾いた布で拭く母の姿。その光景は、本の思い出の中では鮮烈で、今でも、懐かしさでこころが〝キューン〟となる、酸っぱくて甘い、でものどかな思い出です。

母の神様への願いが少しは届いたのか、勉強はともかく、本が好きな大人になりました。


子供のころ読んだ本、特に〝赤毛のアン〟や〝マッチ売りの少女〟などの外国の物語や童話。「アンの住んでいる部屋はどんな感じだろう」と、見たことのない景色や家の絵をあれこれ想像し、ノートに描いては小さな胸をわくわくさせていました。

今思えば、〝美しい家に憧れる原点〟が、このころ芽生えたような気がします。


「テレビを観るより本を読む」。本が好きだった父の教え。

本を読むことは、考える暇を与えずストンと現実的光景が目に飛び込んでくるテレビとは違い、何歳になっても想像力を高め、感受性を深めてくれそうです。

活字を読むことで、「まてよ?」と、立ち止まって考える習慣が身につき、「大変だ!」と、感情むき出しの衝動的行動に走ることが少なくなるかもしれません。

小さな冒険

ある土曜日の午後、近所のバス停でコミュニティバスを待っていたときのことです。

「100円で都内観光できるバスの停留所はここですか?」

古いコーチのバッグを肩から斜めにかけ、見るからに堅実そうな60代後半の婦人に声をかけられました。

「100円で都内観光?」。そんなバスがあれば誰でも乗りたい。

聞くと、新宿から急行で40分くらいの郊外に住んでいるその婦人は、以前から旅行仲間で評判の〝100円観光バス〟に乗りたくて、念願かなって一人でやってきたというのです。

この1年、家族や犬の世話をしながら、〝皆がすすめる〟100円観光の冒険を思い続け、チャンスをうかがってきたといいます。

「平日はワンちゃんの世話で手が離せないのですけど」、やっと家族を説得できたその日、娘や夫に家事や犬の世話を頼んで、念願の100円観光を決行！　したのです。

バス停でいろいろと話しているうちに、どうやら、〝100円観光バス〟とは、港区、渋谷区の人気スポットを走る区民の足、〝ワンコインのコミュニティバス〟のことらしいとわかりました。

区民にとっては、街の中を細かく走るので、区役所や図書館、JRの各駅に出かけるのに重宝しています。特に、子育て中のママや高齢者、身体の不自由な人には便利な乗り物で、運転手さんも丁寧でやさしいのです。

もちろん、学生や社会人の通勤通学の利用者も多く、しかも、どこまで乗っても100円ぽっきりなんです。

そんなミニバスが、人が変われば、〝100円観光バス〟になるなんて。

やってきたバスに一緒に乗り込み、「お好きなところで降りて、またそこから乗ることもできますから」と、車内にある地図を渡しながらアドバイスしました。

さて、あの人はどうしたかな。

若者でごった返す表参道をキョロキョロしながら歩いているか、はたまた渋谷の雑踏で元気に買い物をしているか。

残念ながら、先にバスを降りたので彼女の〝冒険〟の結末を見届けることができませんでしたが、窓から嬉《うれ》しそうにお辞儀を繰り返す姿は、解放感にあふれていましたっけ。


どんなデフレの格安バス旅行にも負けない、この〝100円バス観光〟。

窓から活気あふれる若者の人気スポットを眺めるだけで元気が出そうです。

特に冬は、家に閉じこもりがちな高齢者の、安心で安価、こころが躍る数時間の〝小さな冒険〟かもしれません。

滅入ったときには

いくつになっても、スランプに落ち入ったり、滅入ることがあります。

50歳は、身体の不調や仕事や経済的不安、親の介護、家族の問題などがそろそろ現実的になるとき。

考えれば考えるほど、あれもこれも不安になり、まるで不安や悩みの〝総合デパート〟です。

そんなときには、「どうしよう?」と悩むより、「どうすればいいか」と前向きに考え行動します。

物事を悲観的にとらえると、気分がますます滅入って、いつのまにか泥沼の底であがくことになってしまいます。

「初老のうつ病?」。考えるだけで、またまた滅入ることになります。

そうならない一歩前で、元気を取り戻す方法を蓄えておきます。

本屋に出かけ、広い範囲の本、特に今の悩みとは無縁の世界のものを読み漁《あさ》ります。

これを機会に、自分の読書量がかなり増える、と自分に言い聞かせるのもやる気が出ます。

気晴らしに向くのが外国のラブサスペンス、特に女性作家のものは、化粧の仕方やファッション、トイレの磨き方などライフスタイルや生活感が出て「なるほど」と参考になって面白いものです。

日本の古典にどっぷりはまるのもいいかもしれません。

お勧めは、百人一首や万葉集の文庫本。

現代訳付きでわかりやすいものを選べば、千年も読み継がれてきた貴族たちの優雅な恋の駆け引きや人生の無常や諦観の想いがあふれる、古風で優雅な歌の世界にタイムスリップし、悩みを忘れ、トコトン酔いしれることができます。

この方法をある人にすすめたら、「百人一首のかるたを買って、〝坊主めくり〟をして遊んだら、すっかり童心に返ってしまって」、毎晩かるた遊びに夢中になり、沈んだこころに生きる元気がよみがえってきたそうです。

この〝坊主めくり〟、50代、60代の人なら、きっと皆子供のころお正月に家族で遊んだ、懐かしい想い出のゲーム。

かるたを伏せ、1枚めくって男性貴族なら自分のもの、お姫様の絵札ならもう一枚引け、坊主が出たら手持ちのかるたをすべて失う。最後に多くの札を持った者が勝ちという、子供から大人まで楽しめる簡単で面白い遊びです。

50代後半のその人、子供のころ無心で競った〝かるた遊び〟を思い出し、「定年後の楽しみのひとつが見つかった！」と喜んでいます。

今年の目標は「百人一首の歌をすべて暗記する」ことだそうです。

また、滅入った時期が冬なら、思い切って貯金を使い、南の島へ出かけます。

お金がなくても健康第一です。お金は天下の回りもの。

滅入ったときこそ、「あとは何とかなるさ」の気持ちも大事です。

太陽が燦々《さんさん》と輝くビーチで、何もせず何も考えず、寝転がって、澄みきった青い海や空を眺めていたら、たいていの悩みはどうでもよくなって、ほぼ解消します。

人は信じられず、世の中は暗く、人生は限りなく灰色。

滅入るとき、そんな気持ちでいっぱいになります。

でも、これは世の常、人生の無常だということを知るのも、50代からの〝人生の落としどころ〟かもしれません。

ユーモアのこころ

人を笑わせることができる人は、こころの余裕を感じさせます。

でも、ヘタなダジャレは、他人の失笑を誘います。

ユーモアのセンスを磨くには、それなりの人生経験と磨き抜かれた話術が必要かもしれません。

私は関西の田舎、〝黒田官兵衛《くろだかんべえ》〟の播州生まれ。話す関西弁そのものが、のんびり間が抜けて〝面白おかしい〟せいかもしれませんが、どことなくユーモアあふれる人が多かった気がします。

関西弁の中でも、播州弁はさらに泥臭いと言われますが。

上京してほぼ半世紀が過ぎましたが、今でも、たまに郷里の友人知人の「あんなあ」（あのね）から始まるおっとりした話し方に出会うと、なつかしさとユーモアを感じます。

江戸っ子なら「それがなんだい、はっきり言いやがれ」とイライラしそうですが、関西弁は、だらだらと間延びするように話の前置きがのんびりと長いのです。

幼馴染で昔のガキ大将、今は中小企業の社長のA氏、「おまえら、奥歯ガタガタいわしたろか！」が、子供のころのけんかの常套《じようとう》文句でした。

鼻水をたらし、つぎはぎだらけの古いよれよれズボンをはいた子供が、庭ホウキ片手に「奥歯ガタガタ」というだけで、気の弱い子は怖くて逃げ出したものです。「殴ってやる」というより、「奥歯ガタガタ」の方が感覚的に痛さを感じ、それだけで子供のけんかは勝負あり！　です。

男の子たちに恐れられながら女の子にはやさしいガキ大将だった彼、今はなぜか恐妻家で有名です。

関西弁で面白いのは、男女の日常の会話の中に、漫才でいう〝ボケと突っ込み〟が満載なのです。

親しい者同士、一方が自慢たらたら話すと、片方が声を荒らげて「それがなんぼのもんじゃ」と突っ込む。

自慢男はすかさず、「値がつかんほどやで」とかわす。

そこで、言った者も言われた者もドッと大笑いする。

人を笑いながら、自分を笑っているのです。

大人同士の深刻そうな会話では、聞き手が「うーん、それもあるなあ」とボケてみる。

そして、間をおかず、「けどなあ、しゃあないやんか」と間延びしながら慰めると、深刻な話し手の方は「それもそうやなあ」と納得し、少しずつこころが溶けて緩むのです。


ユーモアには、相手への深い思いやりと豊かな愛情が必要です。

人をさげすんだり、憎んだりするところには、本当のユーモアは生まれてこないかもしれません。

人に失笑されるのに努力は要りませんが、人を愉快にさせこころから「参った！」と笑わせるためには、かなりの人生経験と高度な言葉選び、そしてあたたかいこころが必要です。

相手の共感をさそう

ドイツで、隣人の大家さんに「窓が汚い！」と言われ、窓ガラス磨きのおじさんを頼みました。

ドイツの家の、壁いっぱいの大きな透明の窓ガラス磨きには、プロの手を借りた方が身体も心もラクです。しかも、窓ガラスそうじに費やす時間で学んだり遊んだり、やりたいことができます。

窓ガラス磨きのおじさんは、1時間くらいで大きな窓をピカピカにきれいに仕上げてくれました。

が、彼は、帰り際、自分が磨いた窓ガラスをさして、なんと「ブンダバー！」（きれいでしょ！）を連呼したのです。

お客さんに向かって、「どうです、きれいでしょう」と自画自賛する自信ありげな彼の態度に、まるで魔法にかかったように「ホント、言われる通り」とうなずいてしまったのです。

「きれい？」と聞くより、「きれいでしょう！」と自信を持っていえば、相手も「そうかもしれない」と同じ気持ちを共有している気分になってしまう。

大切な人との高度なコミュニケーション術です。

もちろん、相手に納得させるだけの技術と自信がなければ、「なんや、どこがきれい？」と反論されてしまいそうですが。

夫婦や家族との食事も、自分の作った料理を「おいしい？」と聞くより、「おいしいね」と顔を見合わせて食べる方がおいしく感じられませんか。

他人のため、一生懸命真心こめて作ったものは、〝おいしいね〟の魔法の言葉で、人の脳を刺激し、「ほんと！」と、相手の共感を得ることでしょう。

これからの高齢社会、みんなが「おいしいね」「たのしいね」と、顔を見合わせうなずきながら〝魔法にかかって〟暮らしたいものです。

自分の顔

2014年は、フィンランドの作家、トーベ・ヤンソンさんの生誕100周年。今は亡きヤンソンさんは、ムーミンシリーズで日本にも多くのファンがいますが、私もそのひとり。

森の家には、ヤンソンさんの本が数冊置いてあり、読むたびに彼女のおおらかで自然を大切にする素朴な感性に心打たれます。

「ムーミン谷の仲間たち」では、玉ねぎの髪形をしたミイが、いつもいじめられ受け身で生きていたため、自分の姿が見えなくなったニンニを厳しく諭します。〝自分の顔を持つためには、闘うことを覚えなさい〟と。

やがて、ニンニは、ミイに言われた通り、自分の生きる強い意志を取り戻し、嫌なことに立ち向かい、やがて自分の姿が見えるようになるのです。

ミイの厳しさの奥にあるやさしさは、そっくりそのままヤンソンさんの生き方でもあるような気がします。

年齢を重ねると、どんな生き方をしてきたかによって〝良い顔〟にも〝悪い顔〟にも見えます。

受け身で人生を送ってきた人、厳しいこと嫌なことにも果敢に挑戦してきた人。人生の荒波をどのようにかじ取りしてきたかによって、顔つき目つきが違ってくる。歳を重ねるほどに、自分の顔は自分の生き様、責任でもあるのです。

冬においしいわかめ。肉厚で歯ごたえがある三陸わかめが好きですが、これはリアス式海岸の荒い波にもまれるからこそ、しっかりと強く育つそうです。

人生の荒波を潜り抜けてきた顔は、肉厚で歯ごたえのあるおいしいわかめのように、誰が見ても〝いい味〟を出しているのです。

「鼻を高くする」と、猫が昼寝をしたような丸い鼻を洗濯ばさみでつまみながら真面目に考えていた同級生のB子、「もう少し目がぱっちりと大きければ良かった」と嘆き、いつも大きく目を開く練習をしていたC子。

卒業後、会う機会もなく今日まで来ましたが、還暦をとっくに過ぎた今、どんな顔になっているかしら。


歳を重ねてこそ気づくことがあります。

鼻や目を人工的に操作した美ではなく、大切なのは、これまでの長い人生の自力の生き方が刻まれ、人生の荒波にもまれて作られた自然の顔。

他人が見て、ハッとするほど美しいのは、そんな生き方をした人の顔。

自分の顔を鏡で見て、「いい顔になったなあ」と思える人は幸せです。

ついでに、家じゅうの鏡をピカピカに磨いておきましょう。

老眼でもあなたの顔がはっきり見えるために。

たまには、忘れる

50代以上の女性が数人集まれば、話題は、もっぱら「最近物忘れが激しくなって」となります。

冷蔵庫の前で、「はて、何をしに来たのかしら」から始まって、「メガネをどこにおいたか」と探し物が増え、人の名前や地名がなかなか出てこない、などなど。「ボケたらどうしよう」と、脳トレの本を買ったり、急に散歩を始めたり、脳に効きそうなサプリを増やしたり、悩みは深刻です。

今朝食べたものや数時間前にかかってきた電話の内容を忘れるなら深刻です。早めに専門医にかかった方がいいかもしれません。

でも、うっかり忘れる、物覚えが悪くなった程度なら、30代、40代でも起こることで、あまり気にすることはなさそうです。

忘れないことに執着するより、嫌なこと煩《わずら》わしいことをいったん忘れ、今に夢中になることも大切です。

明日の仕事のこと、過去に人が言ったことを思い出し、せっかく取れた休みや趣味の時間、読書を十分楽しめず、憂鬱《ゆううつ》になったことはありませんか。

二度とない今のこの瞬間を大切にしましょう。

余計なことはいったん忘れ、今やっていることに全身全霊打ち込んでみることもたまには必要です。

明日の夢より、今日の充実感です。

若者は、明日に向かって頑張る、でも50過ぎたら明日のことはわからない。だから、余計なことはいったん忘れ、今のこのときを頑張るのです。

嫌いで厄介な掃除機かけも、決めた時間に一心不乱にやれば運動にもなり、終わったあと、こころにも身体にもさわやかな風が流れます。もちろん、部屋もきれいになって一挙両得です。

いったん忘れる習慣は、こだわりを捨てることにもつながり、高齢になって「そんなもん、とっくに捨ててきた！」と声高に宣言し、何事にもおおらかで無頓着になれ、仙人のように「われ関せず！」の悠々たる心境になれるかもしれません。

〝らしさ〟は強み

後輩のSくんが、最近知り合った彼女に「ダサい」とフラれてしまったと、がっくり肩を落としています。

30代初めの小太りの彼、少しやせた方がいいと思うものの、誠実でやさしく頭もいい、一応ナイスガイ。

「どこが？」と尋ねると、「ボクの携帯、古いというのです」。

今どきそんな時代遅れの男とは付き合えない、とまで言われてしまったそうです。

わざわざ見せてくれた〝ガラケー〟。

私も彼と同じタイプの携帯をバッグからとり出しながら、「スマホじゃないのは時代遅れ？」。なんなのそれ！

そういえば、〝この一年でスマホの売り上げが携帯の2倍に！〟という記事を読んだばかりです。

メールと電話のみなら、スマホより昔ながらの携帯の方が絶対便利です。

持ち歩きの便利なタブレットと組み合わせればいい。

「なんという女性かしら！」

若さとは、かくも思慮がなく、残酷になれるもの。

そんなつまらない理由で男をフッたら、あとで絶対後悔するにきまっている。

初老のオバサンの、〝経験的直感〟がささやきました。

でも彼、「やっぱ、ボク、スマホに変えます」と元気のない声を出すのです。

情けない！　腑抜《ふぬ》けた彼の顔を見ていたら、フラれた原因は、〝スマホや携帯〟の次元ではないかもしれないな、と思ってしまったのです。

「ガラケーを使ってなぜ悪い！　自分はこれでいいと思っている」と信念と自信を持って強く出れば、彼女も「すてき、頼もしい！」と惚《ほ》れ直し、彼への心境ががらりと変わっていたかも。

やっぱり、最近の若い女性は現実的で賢いねえ。

ドイツのアンゲラ・メルケル首相。２００５年の就任以来、昨年の12月で３期目を迎えました。

好き嫌いは別にして、ニュースや経済誌で見る彼女のファッションスタイルは、首相になってからずっと同じ、まったく変わりません。三つボタンか四つボタンのジャケットに幅広のパンツ。靴は、いつもローファーです。

ただ、パンツは黒が多いのですが、ジャケットの色のバリエーションは何十色もある鮮やかな水彩画のパレットのようで、毎回着る服の色が違う。

それも見方によっては派手で、シックさとは一線を画します。

でも、凝ったデザインではなく、余分な装飾を省いたシンプルな同じデザインと毎度変わる華やかな色で、「今度はどんな色かな」と、見る人に安心感と期待感を与えてくれそうです。

毎回色を変えることで、着る人の気持ちも毬《まり》のように弾んでいるのかもしれません。

最初、口やかましい批評家たちが、「パンツの幅を狭く。色を控えて」などと酷評していましたが、彼女はスタイルを変えず、今では〝彼女らしさ〟の表れたファッションとして定着し、さらにこのスタイルは「安定感と思慮深さ」の政治手法につながっているらしいのです。

周りにあれこれ言われても、気にせず、毅然として自分流のスタイルを貫くにはそれなりの自信も必要でしょう。

自然の女らしさと首相としての強い自覚をバランスよく見せつつ、いつのまにか女性でありながらそれを意識させない自然体の国のリーダーとして信頼を勝ち得たような気がします。

〝らしさ〟を貫くことは、誰にも負けない〝強み〟にもつながるのです。

誰になんと言われようが、流行に左右されず、自分のスタイルを貫く。

その人の強くて真面目な生き方の象徴かもしれません。

同年代のメルケル首相の〝一貫性のあるファッション〟に励まされ、エールを送りたいような気がします。

飾らない

最近は、じゃらじゃらしたアクセサリーが邪魔で余分に思えることがあります。つけるなら一か所と決め、重いイヤリングやネックレスは、肩も凝るし、できるだけ避けるようになりました。

歳を重ねると、人より美しく見せようと過剰なアクセサリーを身につけるより、素朴で上質なものをさりげなく身につけ、あるがまま自然に暮らしたくなるようです。

洗顔や基礎化粧品には気を配りますが、お化粧はアイメイクとリップグロスが中心、仕事や戸外でのスポーツ以外、ファンデーションもほとんどつけなくなりました。

もともと化粧は、自然界のカラフルな色の花や鳥を真似て肌に色を塗ったのが始まりとも言われていますが、いつのまにか自然よりは人を意識したものになってしまったのです。

歳を重ねるごとに、わざと強く見せようとも、やさしく見せようとも思わず、あるがままの自分を、自然体で表現すればいいと思っています。

日々の行動も、当たり前のことを当たり前にこなすことを習慣にします。今やるべきことをひたすらこころをこめ、余分なことを考えず淡々とこなす。あるがままの自分を楽しむ方法を見つけるのです。

〝お湯を沸かして、おいしいお茶を入れて、ゆっくり味わう〟
着ているものはいつも清潔で手入れが行き届いた簡素なもの。
おいしい和菓子が一切れあり、きれいに片付いた部屋があればそれで十分です。

一日の終わり、無事に終わったことに感謝しつつ、よく磨かれたバスタブで、〝ああ、いい気持ち！〟とのびのび身体を伸ばせば、こころが自然とほぐれます。
こんな一日が終われば、明日は、今日より、もっと素直なやさしい気持ちになれそうです。

話し下手は長所

誰も信じてくれませんが、自称年季の入った〝話し下手〟です。人の前で話をすることは大の苦手、でも悲しいかな、職業柄、講演を頼まれたり取材を受けたり、公式の会議で発言したりすることは避けられません。下手ながらも年の功と場数を踏んだ今、話し上手でないのは、欠点でもなく、むしろ長所かもしれない、と思うことにしています。

〝話し下手〟に自信があるので、いつも準備は十分にします。

1時間の講演なら、3時間は下調べをしたり話す内容を箇条書きにしたり、話すポイントを整理し、細かいつなぎの話をできるだけ多く集めてこころの引き出しに入れておくのです。

イントロ、つまり話の入り口にどんな話の扉をつけるかを決め、音楽家がアンコール曲をあらかじめ決めているように、最後の締めの話を考えておきます。

そして、本番は、数字を記したメモだけで話すのがいつものパターンです。原稿を見ながら、言葉を流暢に流れるように話しても、相手にまったく伝わらないことがよくあり、そこにあるのは、話し疲れた自分だけ。

ぼそぼそと途切れ途切れでも情熱を持って話せば、相手のこころを感動させることがあります。

むしろ、自分が話し下手だと意識して話すとうまくいく場合があります。

話す人は言葉で話そうとしますが、聞く人は、話す人の姿を見ながら、全身で聞いています。面白くなければ、ときとして眠りを誘うことがあります。

原稿を読まなければ、会場を見渡せますので、うなずいている人、メモを取りながらの人、退屈そうにしている人、眠っている人がよくわかります。

眠っている人は起こすと気の毒なので、退屈そうに聞いている人に照準を合わせ、いかに興味を揺り起こすかと話題を探します。

数人の前で話すときは、一人一人の目を見ながら休みがちに話すことにしています。目を見れば、相手の関心度や聞く力の強弱がわかるからです。

関心を強く持って聞いているなと思えば、言葉を少なく、トーンを落とし、こころを込めて話します。ときどき休憩を入れ、笑みを浮かべ、聞く人に訴えるようにこころで話します。

大勢の人の前で話すときは、会場全体を眺めながらジェスチャーを大きくとり、全身で会場の空気を包み込むように話します。

言葉を選び、誠意を持って、ハリのある声で、相手のこころにしっかり届くように祈るように話します。

話の最後に、聞く人の目がグーンと近づいてくるように見えれば、それは聞く人がこころを寄せてくれたときです。

話すときには、〝一番伝えたいことは、言葉にならないもの〟だということを自覚し、言葉ではなく、こころで話すこと。

たとえ流暢に話せなくても、情熱を持って真実を語りかければ、人のこころにしっかり届くような気がします。

無理を知る

「歳を重ねることもわるくない」と思うのは、〝人間には思い通りに行かないことがある〟とわかるようになったとき。

人間として逆立ちをしても無理なこと、今の世の中の仕組みでは解決できないこと、他を向いている人を振り向かせること、自分の財では到底手に入れられないもの、などなど。

さまざまな自分の力量の限界を知ることこそ、50からの〝こころの落としどころ〟なのです。

自分の限界を知ることで、人を羨《うらや》んだりせず、背伸びしたムダ遣いもしなくなり、分相応な暮らしに満足し、「ああ幸せ」と思えるはずです。

いわゆる、〝足るを知る〟、つまり〝自分にはこれで十分〟とこころを落ち着かせるのです。

若いときのように、「このままでいいのか」など思い煩わず、「これでいいんだ」と自分をいたわり慰めれば、こころも軽くなります。

これまでの人生をあれやこれやと疑ってこれからを生きるより、今の自分を信じ、足るを知り、いかに今を充実させるかに集中する。

幸せなこれからの人生を送るためにも必要な気がします。

ときには、他人の目で

家も人も、自分でなく、他人が見て美しいと思うことが大切です。

掃除は、世阿弥《ぜあみ》の「離見の見」、すなわち「見所同見」に通じるものがあります。世阿弥は、観客（見所）の目で、自分自身を外から見つめることが大切と教えます。

掃除も、他人の目で自分の動作や場所を見ることが、何よりも〝掃除上手〟への道です。いくら時間をかけて掃除をしても、人が見て「きれい！」でなければ、それは美しいとは言えません。

窓ガラスを磨き、床を掃き終えたら、必ず他人の目線できれい度をチェックします。

他人目線で我が家を見ることは、自分を客観的に見る目を養うことにもつながります。

年齢を重ねるとともに、自分を客観視できると、生きるのがとてもラクになります。

〝他人のことが気になってしょうがない自分がいる〟と客観的に思った瞬間、「自分は自分。他人は他人、これでいい」と冷静になれます。

この歳になっても、若いころに比べ少なくなりましたが、たまに、こころが得体の知れないことで〝もやもや〟してくることがあります。

そんなとき、自分のなかから外へ飛び出し、この正体はなんだろうかと考えてみるのです。すると、そのもやもやの正体がわかり、気分がだんだんラクになってきます。

自分を客観的に見ることは、自分を離れて、外から自分を観察し、第三者の目で見たりすることです。

家庭内でもパートナーがなぜ声を荒らげているのかを考えたり、友人がなぜそんな衝動的行動に走ったのか、相手の立場を考えるうえでも、客観的目線で暮らすことは大切です。

世阿弥の「離見の見」の教え通り、たまには自分の全身の姿を前後左右から客観的に見ること、これも50からの生き方の〝落としどころ〟探しには大事なことです。

我が家に鏡が多いのは、部屋が広く見えるよう、そして自分の全身がよく見えるようにとの願いからです。

若者の学び、50代からの学び

若いときや壮年期の学びというのは、自分の知らないことを知ることです。

でも、50代からの学びは、知らないことではなく、これまで気がつかなかったことを知ることなのです。

昔のつらい思い出が、今では「なんであんなことで悩んだのか」とむしろ懐かしささえ覚え、あのときのつまずきがあったからこそ、今の自分がいるのだと感謝の気持ちでいっぱいになることもあります。

若いときのつらさも迷いも挫折《ざせつ》も悲しみも、奈落の底に落ちるほど悩んだからこそ、それが人生の肥やしになったのかもしれない。

長い歳月をかけ、ゆっくりと、心の傷を石鹼できれいに洗い流し、いい香りだけを残してきた今の自分を愛おしくもなります。

歳を重ねて初めてわかること、これが50からの学びなのです。

この気づきがあるかないか、これこそ、50からの大切な〝人生の落としどころ〟です。

もし、いまだに心の傷になっている過去のつらい思い出があるとすれば、「胸がキューンとするくらいで、死にたくなるほどのものではない」と気づき、思い直すのも〝50からの学び〟なのです。

向くか、向かないか

いくつになっても、あれやこれやの悩みは尽きません。

でも、若いころと違うのは、今は悩んだ後には必ず、「まあ、これでよしとするか」と適当な〝落としどころ〟が待っています。

30代や40代のころ、あれほど「この仕事は向かない」、「結婚に向かない」「この相手に向かない」と思い続けてきたことが、今はたいした理由ではなかったことに気がつき、むしろ、「向かない」と、途中であきらめなくてよかった、と思うことさえあります。

掃除の事業に28年の間かかわってきたのですが、一度も「向いている」と思えず、何度もやめたいとくじけそうになりました。

他の仕事の方が「向いている」かもしれない。気持ちの焦りやはやりが何度も頭を行き来しつつ、気がつけばずっとこの仕事をやっているのです。

「これで良かった」と思いつつ、ほんとうに自分がこの仕事に向いているかどうかは最後の最後までわからない、と自分に言い聞かせています。

おもてなしのこころ

知り合いの外国人が、「財布の入ったバッグを電車の中に置き忘れた」とあわてた様子で助けを求めてきました。

さっそく、日本語ができない彼女のために、新宿駅の私鉄電車の紛失係へ電話をかけ、バッグの色や形を話すと、30分後「それなら、忘れ物集積センターに届いています」と丁寧な連絡があったのです。

忘れ物集積センターは電車でさらに1時間くらいかけた郊外にあるらしいのです。バッグを取り戻す？　1時間以上の長旅ののち、忘れ物は無事彼女の許《もと》に帰ってきました。

「お金やパスポートまであったなんて。信じられない！」。彼女の声が感激と興奮で震えていました。

世界広しと言えども、日本は類を見ないほど安心安全、そして親切な国です。

知らない外国人に道を尋ねられると、特に若い女性だと、英語が喋《しゃべ》れないおじさんでも身振り手振りで道を教えます。

そんな親切心あふれる姿を見かけるたび、日本人は、〝おもてなしのＤＮＡ〟が身体にしみついているのではないかと思うくらい。


昔からの日本人の暮らしの習慣では、よそのお宅に伺えば、たいてい上座に案内され、こころを込めて入れたおいしいお茶と季節の和菓子が出されました。

ドイツでもよくお茶に誘われましたが、部屋に上座はなく、むしろ、客も主人も一緒に快適な時間を過ごすかに重点が置かれるようです。

日本の場合、床の間が上座ですが、ここはいつもその家の主人が座るところ。客にはこころから最高のおもてなしをする意味で、その席をわざわざ譲るのが昔からの〝おもてなしのこころ〟なのです。


さて、関西では、「もう一杯お茶でも」と言われたら、そろそろお引き取りくださいという意味の婉曲《えんきょく》話法で使われることが多いので、「それではお言葉に甘えて」と無作法なことを言って長々と座りつづけて恥をかかないように気をつけることです。

直接「そろそろお引き取りを」と言わず、「もう一杯いかが」と、客の帰る潮時をそれとなく伝える、それも主人の客への奥ゆかしい〝おもてなしのこころ〟かもしれません。

ほめ上手

人は、知らないうちにそよ風のように他人のこころにささやき、そのこころを満たし、人の生き方に影響を与えているかもしれません。

古い友人は、30代のころ、心を寄せている年上の男性から「帽子の君は、貴婦人のよう」と言われ、50代後半になった今も、どこへ行くにも、食事中も、帽子と一緒です。

部屋の中の帽子、特に食事中の帽子はいかがなものかと思いながら、あるとき「帽子が好きねえ。どうして?」と聞くと、その理由が彼のほめ言葉だったというわけです。

残念ながら、彼にその気はなく、彼女の淡い想いは実ることがありませんでしたが、彼女の頭に帽子だけは残りました。

20年たった今でも帽子が手放せないのは、彼への想いがくすぶり続けているだけではなさそうです。50個以上ある帽子がもったいなくて捨てられないのと、白髪隠し、そして冬は防寒、夏は日よけのためだといいます。

歳月の流れが、彼のほめ言葉を少しずつ彼女のこころから引き離してくれたようですが、言われたとき彼女の心にキュンと刺さり〝ほめ言葉〟の魔法にかかり、帽子と人生を共にしてきたのです。

きっかけはともかく、帽子は、独身の彼女の人生という戦場の「戦友でもあり、親友」になり、「帽子があるとこころが落ち着く」そうです。

ほめ上手のその男性、実は共通の知り合いで、今は70代の高齢の大人、ほめ上手は今でも健在です。

最近ある人の偲《しの》ぶ会で会ったら、「昔から黒がお似合い」と言われ、はて、昔は「赤がよく似合う」ではなかったかしらと、しばらく赤い服を好んで選んだ若いころの自分を恥ずかしながら想い出しました。

今さら黒と言われても「これからの人生が変わるわけでもなし、赤も黒もここまでくれば同じ」と、悲しいかな、老いたこころには何の感慨も湧きませんでしたが。

ほめ上手は、下心がなく、さりげなく自然だと、相手が若ければ若いほど、強い印象と自信を与え、風のように語りかけ、その生き方にまで関わることになるのです。

もちろん、好感の持てる異性に言われることが重要条件ですが。

4章　ゆったり・元気に過ごす

——毎日の小さな楽しみは、明日の希望になる

あなたの人生は、あなただけのもの。
自分の人生を、憧れのストーリーにするのも、
悲劇にするのも、あなたの考えかた次第です。
世のため、人のためを考え、自分の足で歩ける人こそ、
自分のやりたいことに巡り合うことができます。
いつまでも元気でいるために、気持ちに逆らわず、
自然と仲良く生きていく知恵があれば、
お金に変えられないほど貴重な
自分の〝隠れ財産〟になります。

脳トレとタクシードライバー

その日は、たまたま急いでいたのでタクシーを呼び止めてしまいました。タクシーには、三つの理由があって、めったに乗らないと決めています。一つは、狭い密室の中で、たとえ短時間でも他人と一緒だと、息苦しさを覚えてしまうから。二つ目は、最近は、プロとは言えない運転手さんがいて、こちらの方が道順を教えることが多く、面倒。そして、三つ目は、健康のためになるべく歩くことにしているからです。

50代後半らしいその運転手さん、こちらの行き先を告げると、「甲州街道は今の時間は混んでいます。代々木経由で行きましょう」。そうすれば距離も短く、早くて、料金も100円くらい違う、と。

目的地までの土地にかなり詳しいベテランのようです。

「この仕事、かなり長いのですか」

思わず口にしてしまいました。

彼のプロらしき態度は、かなり〝お客ごころ〟をくすぐったようです。

どのくらいやれば、都心の道路地図に詳しく、しかも乗客の身になった対応ができるのだろう。

聞くと、なんと、まだ1か月余りだといいます。

以前は世界を股に掛けた機械メーカーの営業マンだったらしく、早期退職後、車好きが嵩《こう》じて、「ボケ防止と健康のため」、週3回、タクシーのドライバーをしているそうです。

「どうせやるなら、あのロンドンのタクシードライバーですよ」と彼。

そうそう。かつて住んでいたロンドンの優秀な運転手さんを思い出しました。

住所を聞いただけで、混雑し入り組んだ道を正確にたどり、その建物に間違いなく客を届けてくれるロンドンのタクシー運転手さん。

その元営業マンの運転手さん、「ロンドンのタクシードライバーのようなプロになりたくて」、休日は、地図を片手に自転車で都内や近郊を走っているというのです。「お客さんをピッタリ目的の住所にお届けするのが、趣味を兼ねた生きがいです」と明るく笑います。

中年以降も脳細胞は、〝知識を深めたり、緊張感を持つこと〟を意識すれば増え続けるというデータもあります。

もちろん、脳が鍛えられ、脳細胞が活性化されれば、ボケ防止にもなりそう。〝プロのドライバーたらん〟という目的を持って、新しい地名と場所を覚えるのが趣味だという元営業マン。何事にも前向きな生き方は、きっと現役時代も優秀な働き手だったに違いありません。

趣味と実益を兼ね、オフの日は地図を広げ、道を覚えながらペダルをこげば、どんな脳トレーニングの本にも負けないくらいの効果がありそうです。

自然の力で治す

健康は、自分で作り守るもの。自分の身体の不調は長年の勘でわかります。薬に頼りがちな毎日、食事はもちろん、身近なものを使って身体をいたわる知恵も持っていると何かと便利です。

風邪には、早めに、キンカンやしょうが湯で対処します。

ある夜、ホテルでの知人の結婚式の帰り、後輩たちとスタバでコーヒーを飲んでいたら、なんとなく身体がだるい。これは決まって風邪の前兆なのです。

帰宅して、番茶でガラガラとうがいをした後、お湯とはちみつを入れた大きなマグカップにキンカンを6粒入れ、お湯で柔らかくなった甘酸っぱい実を皮ごと食べながら飲みます。口中にキンカンのさわやかな甘い香りが広がり、何となくのどの痛みも和《やわ》らいだ感じです。

子供のころから大好きなキンカン。

冬の季節、デパ地下やスーパーで見つけたら必ず買い置きしておきます。大きくて熟したものはそのままお湯で洗い、皮ごとかじり、小さくて硬いものは、はちみつと一緒に小瓶に入れ、冷蔵庫で保存します。

キンカンを口に入れたまま、熱めのお風呂に入って、早めに寝ると、翌朝はすっきり、たいていのひき始めの風邪は治ってしまいます。

キンカンが大量に手に入れば、皮ごと煮詰め、仕上げにはちみつを入れジャムにします。パンに塗ったり、そのまま食べると風邪予防にもなります。

手づくりジャムは、使った後に砂糖を表面にパラパラと振りかけるとカビ防止になります。

しょうが湯も手軽です。

常備している土しょうがをおろし、お湯とはちみつで作ります。

しょうがは、のどの炎症を抑える効果があるので、のどが痛い風邪のひき始めにはぴったり。

風邪にしょうがは、全世界共通のようで、中国、韓国、インドでもしょうが入りの栄養ドリンクを見かけたことがあります。

イギリスに住んでいたころ、同じアパートの老婦人に「風邪をひかないために」と、しょうがとはちみつを入れた紅茶を、寒い午後のティータイムにスコーンと一緒にごちそうになったことがありました。

紅茶のカテキンはウイルスを防ぐ作用もあるようです。

風邪気味には、薬より、まずは暖かくして、栄養のあるものを食べ、ゆっくり休むことが一番です。

料理はアイデアしだい

世の中はうまくいかないもの。

掃除は上手ですが、好きではありません。でも、料理は大好きです。

専業主婦の友人は、掃除は好きだけれど、料理は嫌い。「夕食のおかずを考えるだけで頭が痛くなる」そうです。

掃除は好きでも嫌いでも、上手になることを心がければ簡単に解決します。

では、料理好きになるには？


料理の魅力は、身近なもの、旬の野菜や果物、残り物など、ちょっとした工夫や知恵を使えば、自分も楽しく他人も喜ばすことができること。

毎日の食事作りに追われると、こころが疲れてしまいます。

嫌いでも好きでも、料理で自分が楽しくなれることを探すことです。

何事も〝求めよ、さらば与えられん！〟です。

ときどき、身近なものを使って食卓を飾ることを楽しみますが、手作りの工作や手芸に似ているような気がして、童心に戻り、遊んでいるような感覚になります。


竹の子の皮は、器にします。

初夏のころになると日本人なら誰でも食べたくなる竹の子。

「旬のものは必ず口にする」と決めていますので、忙しいときは水煮の竹の子、時間があってこころを遊ばせたいと思うときは、皮つきのものを買います。

皮つきの竹の子の、むいたあとどっさり出る皮を器にする楽しみがあるのです。


端に切れ目を入れ、二つになった端を重ねて爪楊枝でとめると、小舟のようにおしゃれな器に変身します。

サラダや酢のもの、てんぷらを盛ると、まるで洒落《しやれ》た小料理屋さんの雰囲気に。

ちらし寿司やおにぎりを載せたり、まだまだアイデアは広がりますので、自分でいろいろ工夫すると料理が少しずつ楽しくなりますよ。

散歩の途中に

ウォーキングは健康にいいのですが、「歩くこと」だけを考えると、薬みたいに苦くなって嫌になりませんか。

散歩は、外の空気を感じながら、途中の道端に咲いている野の草花を眺める楽しみがあります。

あるがまま自然に生きている道端の草花は、見るだけでもこころが癒される気がします。

最近、眺めるだけではなく、食べられる草花もたくさんあることを知り、見ているだけで作れるレシピがあれこれ目に浮かび、ますます散歩が楽しくなりました。

春になると都会の片隅にもタンポポが黄色い花を咲かせ、見るだけで元気になります。

森の庭には、タンポポとつくしが仲良く、まるで兄弟のように寄り添って元気に育っています。

都会も森も、それぞれ環境が違っても、自然は強く美しくあるがままたくましい、その姿に感動します。

昨年の夏、森の庭に大きな野生の山椒の木を見つけてびっくり。

庭を訪れる野鳥がどこかから運んできた山椒の実。いつの間に人の背丈ほどの大きな木に生長したのでしょうか。

ある雨上がりの朝、「どうぞ、こちらに来て」と言われたような気がし、その甘い香りに誘われるまま近づいてみると、そこには立派な山椒《さんしょう》の木。

今まで何度も通った散歩道なのに、大きなモミやもみじの木々の陰に守られるように隠れてわからなかったのかもしれません。

野生の山椒の木は、都会の庭で見るのとは違い、木の幹も太くまっすぐで、香りも強くたくましい感じがします。

さっそく、葉を摘んで、塩漬けにしておきました。

あれこれ、森のキッチン料理を思い浮かべながら。

お吸い物に浮かべたり、煮物や焼き魚の香りに使えそう。
また料理の楽しみが増えてきたようです。

こまめに身体を動かす

あらためてスポーツをするまでもなく、日々の暮らしの中で身体を動かすチャンスはいくらでもあります。

たとえば週に3回、5分間掃除機をかけるだけでも、手足の運動をしながらの〝室内散歩〟になります。

朝、ゴミ出しや新聞を取りに行ったついでに、近くを歩くだけでも小さな散歩です。

小さな丸い椅子があれば、10回くらい乗ったり下りたりを繰り返せば足腰が強くなります。椅子に乗れば目線が高くなり、ふだん見えない汚れを発見することがあるかもしれません。もちろん、ホコリや汚れを見つければ、腕を伸ばしタオルで軽く拭いておきます。

窓ガラス磨きは、おもいきり手を伸ばし、腕の内側が伸びるように意識し、上から順にやればストレッチ体操です。

つま先で立ったまま作業を続けると、足裏マッサージの気分です。

寒くて外へ出るのがおっくうなときは、腕を振りながら部屋を行ったり来たりします。

執筆や仕事に疲れたら、お茶の時間も設け、お湯を沸かしたり、お茶を運んだりして身体を動かします。

ふだんのどんな動作も、身体を動かすことを意識し、積み重なれば立派なミニ体操になります。

一日の終わりに

今日も無事終わったことにこころから感謝し、眠りにつきますが、その前に5分ほど、いつもやることがあります。

両手のひらをさすって温かくなった手で、足の裏を20回くらい押さえながら足首の方へとマッサージするのです。

足の裏やふくらはぎは、全身へ送られる血管が集まっているので〝第2の心臓〟とも呼ばれています。血行が良くなるので、身体が温まり、よく眠れ、翌朝の寝覚めも快適です。

手のひらをさするとき、意識的に指を動かします。指を動かすことで、脳への刺激が高まり、老化やボケ防止になるそうです。

天然湯の花で、楽しいバスタイム

バスタブに浮かべ、こころも身体もホッとし、リラックスできる自然の湯の花。わざわざ市販の湯の花を買わなくても、探せばたくさんみつかります。

ゆずを湯船にそのままプカプカ浮かべるのも楽しいものです。寒い夜など、身体が心底ポカポカ温まります。

スープやサラダに使った残りのセロリの葉。大きめに手でちぎって浮かべると、セロリの薬効で身体の疲れが取れるので気に入っています。もちろん、セロリの香りもアロマ効果がありそうで、疲れたこころが柔らかくほぐれる感じです。

バラや菊の花びらを湯船に浮かべると、とてもいい香りがバスルームいっぱいに広がり、まるで映画女優になった気分です。

バージンオイルでマッサージ

我が家でも最近は、料理にオリーブオイルをよく使います。健康的でおいしいので、スパゲティはもちろん、ガーリックトーストにも欠かせません。

サラダに使うバージンオイル。名前の通り、収穫したばかりの実から最初にとれる油。

バージンオイルは、料理だけではなく肌に塗ると、栄養を与えてくれ、紫外線予防効果もあるのです。

お風呂に入る前に、手足や肩にこのバージンオイルを少しつけマッサージします。血行が良くなるせいか、一日の筋肉の疲れが消え、気分も爽快です。

フリースの靴下で、ぐっすりと

冬は、暖かいフリースの靴下をはいて眠りにつきます。

冷え込む夜は、布団の中でも足先が冷たく、かといって電気毛布は、せめて夜中は節電したいし、湯たんぽも面倒な気がします。

フリースの靴下は、足首にやさしく、寒さから足を守ってくれ、しかも安上がりです。

おかげで、どんなに寒い夜もぐっすりとよく眠れ、快適な朝を迎えることができます。

数年前、ハリウッド映画で、女優のメグ・ライアンが寒い夜寝るときにかわいい木綿の靴下をはいているのを見て、若い美人も老齢おばさんも「やることは皆おなじ！」と、思わずこころで手をたたいてしまいました。

フリースの靴下は、できるだけ派手な色、遊びごころのある柄を選ぶと、気持ちが若く楽しくなります。

しかも、素材が軽いので身体がラク、これからの高齢社会には重宝し、手放せない靴下です。

2足以上まとめて買えば、片方が破れても使いまわしができて経済的です。

底が破れた靴下は、きれいに洗ってから、手にはめて洗面所やドレッサーの鏡を磨く〝掃除ミトン〟にして使い切ります。

ゆったり、お茶を飲む

一日は、お茶で始まり、お茶で終わるほど、緑茶が大好きです。

酷暑の日でも、熱い緑茶を飲むと疲れがとれ、こころがホッとするのです。

外で和食を食べても、必ずお茶を注文し、気がつくと相手の二倍はお代わりをしているくらい。

お茶は、特に食後のお茶は大きな意味があるといいます。

お茶に含まれているフラボノイドが、歯垢《しこう》が付くのを防いでくれますし、またカテキンも、口の中を清潔にしてくれるのです。

ランチの後は、5分でも、できるだけゆったりとお茶を楽しみます。

こころを落ち着けておいしいお茶を飲んでいると、「さて」と、次の午後からの行動への意欲も湧いてきます。

世界でたった一つのオーバーコート

子供のころ、洋裁を習っている知り合いのお姉さんにオーバーコートを作ってもらうことになりました。

母に連れられ、田舎町の小さな服地屋さんに出かけ、「これはどう」とすすめられた子供用のピンクや赤の服地が、気に入らないのです。

昭和30年代のころ、まだまだものも少なく、あるものをていねいに、大切に使う〝清貧のこころ〟が残っていた時代です。

たぶん、子供のために無理をしてでも新調したオーバーを着せたかったのでしょう。既製服より手作りの方が安い、信じられないほどうらやましい時代でした。

お姉さんの卒業課題の練習用ならもっと安いはずです。

「どうしてもピンクが嫌なら好きな色は?」と母や店員さんに聞かれ、指さしたのは、大人用の明るいグリーンの服地。

大人たちは〝子供らしくない強情な子〟の相手に疲れ、「しょうがない」と折れてくれたのです。

さらに、まだ技能がおぼつかない洋裁のお姉さんに、「ポケットは斜めに。裾はスカートのように広げて」と、難しい注文をつけたのです。

子供の頭の中で、夢を膨らませてイメージした〝私のオーバーコート〟のかたちを伝えたのです。


同じ年代の子供が着ているお仕着せの服には興味がなかった〝おませな子供〟だったようです。

大人たちの善意と努力で出来上がったグリーンのコート。誰も持っていない、世界でたった一つのコート。

さらに、そのコートはお姉さんの洋裁学校で、デザインが面白いと〝金賞〟をもらったのです。

「さっちゃんのおかげ」というわけで、お姉さんの親からは食べきれないほどのお菓子をもらったような記憶があります。

そのコート、着るとかわいいながらも大人びた感じで、とても気に入り、擦り切れてお直しの限界まで着続けたのです。

当時を思い出すたび、気に入ったものはトコトン大切にする、〝三つ子の魂百まで〟の自分を再発見し、苦笑してしまいます。

コップ一杯の水と部屋の空気

朝起きてすぐと、寝る前にもコップ一杯の水を〝ゴクゴク〟と飲みます。

人は、寝ている間にコップ一杯ほどの汗を出すので、水分を補うことで血液がきれいになるそうです。

部屋にも湿気がこもっているので、窓を開け、きれいな空気を入れます。

部屋の空気が新鮮できれいなら、部屋にはホコリが溜まらず、汚れにくくなります。掃除の回数も減るようです。


食洗機の修理で我が家のキッチンを見たリフォーム会社のお兄さん、真っ白なタイルの壁を触りながら「手入れはどうしているんですか?」と不思議そうです。

特別に手入れはしていませんが、頻繁に窓を開け、換気扇を回して、あとはお湯で拭くだけです。

それだけで18年間もリフォームもなしでよく持ったなあ、と言いたいのかもしれませんが。

日本の台所の壁は、生活臭や調理の油がついたべたべた汚れが当たり前の現実なら、彼の気持ちもよくわかります。

部屋も身体も同じです。

部屋の換気は、体内の水みたいなもの。水や新鮮な空気は、内部をさらさらときれいにしてくれ、汚れや病気になるのを防いでくれるのです。

アジアのある国では、長生きをしている人の多くが朝晩コップ一杯の水を欠かさないといわれます。

人も部屋も、血液や風の流れがスムーズだと汚れが溜まりにくくなるのです。

人にはコップ一杯の水、そして部屋には新鮮な空気の流れ。

これが、人も部屋も〝健康で長持ち〟の秘訣かもしれません。

父のオムレツ

年末過ごしたオーストラリアで〝イギリス版お宝さがし〟のテレビ番組を観ていたら、なんと、その昔父がオムレツ料理によく使っていた鉄製のミンサーが出ているではありませんか。

何組かの出演者が、決められた時間内にアンティークショップを巡ってお宝探しを競うのですが、そのうちの一組が見つけてきたキッチン用品。

本人たちは「掘り出し物！」と自信満々でしたが、専門家は、60年代にアメリカで大量生産された家庭用のミンチ肉を作る機器で、今は誰も使わないガラクタ、ガレージを探せばどこにでも眠っている、「買い手がつかないくらいの安物！」とバッサリ言ってのけたのです。

外国のコピーの日本製品なのか、父がどこかで舶来ものを手に入れたのかはわかりませんが、手動で肉を挽《ひ》いてミンチ肉を作る小さな機械は、たしかに父の愛用品そっくり、今でもその形まではっきりとよく覚えています。

日曜日になると、父は下手な料理を家族のために作ってくれました。専業主婦の母を、せめて短時間でも家事から解放させてあげたかったのか、それとも家族のために料理の腕をふるいたかったのかどうかはわかりませんが、とにかく、挽肉用の機械まで買ってきたくらいですから、その熱の入れ方は半端ではなかったようです。

父の作るオムレツは、昭和40年代の日本の定番オムレツで、刻んだ玉ねぎと人参、ひき肉を炒め卵で包んだものですが、父のオムレツは、いつも卵も具も硬くなっていました。

たぶん、慎重で丁寧な理系の父は、肉を先によく炒めてから野菜を入れたので、火の通しすぎで肉の脂が硬くなってしまったのでしょう。

でも、火のよく通った硬いオムレツにソースをかければ、とても〝おいしい〟。

そのころは、キャベツの千切りにもコロッケにもみんなソースをかけて食べるのが日本の定番の食生活でした。

子供にとっては、豪華ランチの日曜日が待ち遠しく、週末になると時計が早く進むように、スキップをしてくれたらいいのにと願ったものです。

オムレツと言えば、たくさんの具が中でしっかり引き締まった硬い卵焼きが当たり前で育ったせいか、初めてイギリスのホテルで、表面ふわふわ、中とろとろのプレーンオムレツを食べたとき、「これはいったい？」、卵プリンではないかと思ったくらい。

でも、何度食べ比べてもやっぱり、軍配は日本の昭和のオムレツ。

父の作った、武骨でちっとも洗練されていない具だくさんの硬めのオムレツ以上のものはないのです。

なつかしくて、こころがどこかホッとする手作りの家庭料理、大事にし、失いたくない昭和の日本の味です。

なつかしいおふくろの味

日本の食事が、ユネスコ無形文化遺産になったとき、「うれしい！」と和食大好き人間の私は大感激しました。

これまで、外国で食べた和食は、日本人が慣れ親しんできた素朴なものとは程遠い、アジア的香辛料でアレンジされたもので、「おや？」と思うことが多かったからです。これで少しは正しい日本の食文化が外国人にも伝わればいいなと思います。

料理上手な母と、下手ながら料理が趣味の父。おかげで、作るのも、食べるのも大好きになったのです。

どんなに忙しくても、時間を見つけては、手作りの煮物や汁ものを楽しみます。

子供のころに味わった食事は大人になってからも、〝おふくろの味〟として残るようです。

〝おふくろの味〟、それは慣れ親しんだ味のことで、私の場合、母の太巻き寿司、父のオムレツでしょうか。

かんぴょう、高野豆腐、卵、ちくわやホウレンソウがにぎやかに入っている具だくさんの母の手作り巻き寿司。

遠足で、受け持ちの二〇歳《はたち》になったばかりの女の先生が、私が食べきれず折箱に残った巻き寿司を「おいしいねえ」と口いっぱいにほおばっていたのを思い出します。

今思うと、子供にはもったいないような大人の味だったかもしれません。

思い出しながら、なんど作っても母の味を簡単に真似できず、同じ味に巡り合うことはないような気がします。

おふくろの味は、人によっては味噌汁だったり、カレーライスだったり、ハンバーグだったり。いろいろです。

ちなみに夫は餃子。家業を手伝っていた義母は従業員や家族の分も含めると一度に１００個以上の餃子を手作りしていたらしいのです。

そのにぎやかで楽しい餃子づくりの手伝いの思い出が、そのままなつかしい〝おふくろの味〟となって、残っているのかもしれません。

エピローグ

夏を過ごす森の家には、大きなデッキがあります。

小さな家にはもったいないような広さですが、ずっと憧れていた森の生活を楽しむためにはどうしてもあきらめることができませんでした。

デッキに続くリビングのガラス戸を開ければ、部屋と森が一つになり、家の中にいても自然を感じることができる、これが長年の夢だったのです。

天気の良い日は、野鳥の声を聞きながらピクニックテーブルでお茶を飲んだり、ランチを食べたり自然を満喫します。

森の中の素朴な手作りカレーが有名レストランの料理以上においしく、目に映る木々の緑はどんな名画よりも美しい背景となって、こころや身体を芯から柔らかくほぐしてくれます。

自然の中に身を置くことがこんなに心地よいことかと全身で感じることもありま

す。

ときには、デッキに仰向けに、大の字になってのびのびと全身を広げ、真っ青な空に白い綿のような雲がゆっくりと流れ移動するのを何時間も見つめながら過ごします。

ときどき風がやさしく頰《ほお》をなでるように通り過ぎます。

全身で大きな深呼吸をして、森の香りを胸いっぱいに吸うと、体中に自然が広がり、空に広がる木々の枝が自分とつながっているような気分になります。

そんなときを過ごしたあとは、なんとなくこころがマシュマロのように甘くとろけてしまい、生きる勇気と活力を与えてくれる自然の偉大さを感じるのです。

その気になれば、森だけではなく都会の片隅でも自然を感じることができます。

散歩の途中、軒先につるした鉢やプランターで花や木を大事に育てている老人を見かけると、つい「きれいですね」と声をかけてしまいます。

自然の移ろいを日々の小さな暮らしに取り入れた昔からの日本人の習慣、見るだけでも疲れたこころが溶けてやさしくなります。

後半の人生は、自然とかかわりながら暮らす知恵を見つけ楽しむ、これが50からの
〝人生の落としどころ〟かもしれません。
いつも支えてくれる周りのすべての人びとに、こころから感謝を。

沖　幸子

本書は祥伝社黄金文庫のために書き下ろされた。

一〇〇字書評

切り取り線

購買動機（新聞、雑誌名を記入するか、あるいは○をつけてください）	
□（　　　　　　　　　　　　）の広告を見て	
□（　　　　　　　　　　　　）の書評を見て	
□ 知人のすすめで	□ タイトルに惹かれて
□ カバーがよかったから	□ 内容が面白そうだから
□ 好きな作家だから	□ 好きな分野の本だから

●最近、最も感銘を受けた作品名をお書きください

●あなたのお好きな作家名をお書きください

●その他、ご要望がありましたらお書きください

住所	〒				
氏名		職業		年齢	
新刊情報等のパソコンメール配信を 希望する・しない	Eメール	※携帯には配信できません			

あなたにお願い

この本の感想を、編集部までお寄せいただけたらありがたく存じます。今後の企画の参考にさせていただきます。Eメールでも結構です。

いただいた「一〇〇字書評」は、新聞・雑誌等に紹介させていただくことがあります。その場合はお礼として特製図書カードを差し上げます。

前ページの原稿用紙に書評をお書きの上、切り取り、左記までお送り下さい。宛先の住所は不要です。

なお、ご記入いただいたお名前、ご住所等は、書評紹介の事前了解、謝礼のお届けのためだけに利用し、そのほかの目的のために利用することはありません。

〒一〇一-八七〇一
祥伝社黄金文庫編集長　吉田浩行
☎〇三（三二六五）二〇八四
ohgon@shodensha.co.jp

祥伝社ホームページの「ブックレビュー」からも、書けるようになりました。
http://www.shodensha.co.jp/bookreview/

祥伝社黄金文庫

50過《す》ぎたら見《み》つけたい　人生《じんせい》の“落《お》としどころ”

平成26年 4 月20日　初版第1刷発行

著　者　沖《おき》　幸子《さちこ》
発行者　竹内和芳
発行所　祥伝社《しょうでんしゃ》
〒101－8701
東京都千代田区神田神保町3－3
電話　03（3265）2084（編集部）
電話　03（3265）2081（販売部）
電話　03（3265）3622（業務部）
http://www.shodensha.co.jp/
印刷所　堀内印刷
製本所　ナショナル製本

Printed in Japan　© 2014, Sachiko Oki　ISBN978-4-396-31635-8 C0195